# 中华人民共和国
# 劳动争议调解仲裁法

## 案例注释版

中国法制出版社
CHINA LEGAL PUBLISHING HOUSE

图书在版编目（CIP）数据

中华人民共和国劳动争议调解仲裁法：案例注释版 / 中国法制出版社编．—北京：中国法制出版社，2024.1
（法律法规案例注释版系列；22）
ISBN 978-7-5216-4040-3

Ⅰ．①中…　Ⅱ．①中…　Ⅲ．①劳动争议-劳动法-案例-中国　Ⅳ．①D922.591.5

中国国家版本馆 CIP 数据核字（2023）第 242525 号

责任编辑：谢　雯　　　封面设计：杨泽江

中华人民共和国劳动争议调解仲裁法：案例注释版
ZHONGHUA RENMIN GONGHEGUO LAODONG ZHENGYI TIAOJIE ZHONGCAIFA：ANLI ZHUSHIBAN

经销/新华书店
印刷/河北华商印刷有限公司
开本/880 毫米×1230 毫米　32 开　　　印张/5.75　字数/123 千
版次/2024 年 1 月第 1 版　　　2024 年 1 月第 1 次印刷

中国法制出版社出版
书号 ISBN 978-7-5216-4040-3　　　定价：26.00 元

北京市西城区西便门西里甲 16 号西便门办公区
邮政编码：100053　　　传真：010-63141600
网址：http：//www.zgfzs.com　　　编辑部电话：010-63141793
市场营销部电话：010-63141612　　　印务部电话：010-63141606

# 出版说明

我国各级人民法院作出的生效裁判是审判实践的结晶，是法律适用在社会生活中真实、具体而生动的表现，是连接抽象法律与现实纠纷的桥梁。因此，了解和适用法律最好的办法，就是阅读、参考已发生并裁判生效的真实案例。从广大读者学法、用法以及法官、律师等司法实务人员工作的实际需要出发，我们组织编写了这套“法律法规案例注释版”丛书。该丛书侧重“以案释法”，期冀通过案例注释法条的方法，将法律条文与真实判例相结合，帮助读者准确理解与适用法律条文，并领会法律制度的内在精神。

丛书最大的特点是：

**一、专业性。**丛书所编选案例的原始资料基本来源于各级人民法院已经审结并发生法律效力的裁判文书，从阐释法律规定的需要出发，加工整理而成。对于重点法条，则从全国人大常委会法工委等立法部门对条文的专业解读中提炼条文注释。

**二、全面性。**全书以主体法为编写主线，并辅之以条文主旨、条文注释、实用问答、典型案例、相关规定等，囊括了该法条的理论阐释和疑难问题，帮助读者全面理解法律知识体系。

**三、示范性。**裁判案例是法院依法对特定主体之间在特定时间、地点发生的法律纠纷作出的裁判，其本身具有真实性、指导性和示范性的特点。丛书选择的案例紧扣法律条文规定，精选了最高人民法院、最高人民检察院公布的指导案例等典型案例，对于读者有很强的参考借鉴价值。

**四、实用性。**每本书通过实用问答模块，以问答的方式解答实务中的疑难问题，帮助读者更好地解决实际问题。丛书设置“相关案例索引”栏目，列举更多的相关案例，归纳出案件要点，以期通过相关的案例，进一步发现、领会和把握法律规则、原则，从而作为解决实际问题的参考，做到举一反三。

**五、便捷性。**丛书采用大字排版、双色印刷，清晰疏朗，提升了读者的阅读体验。我们还在部分分册的主体法律文件之后收录重要配套法律文件，以及相应的法律流程图表、文书等内容，方便读者查找和使用。

希望本丛书能够成为广大读者学习、理解和适用法律的得力帮手！

# 适用提示

调解、仲裁与诉讼是解决劳动争议的方法。劳动争议调解仲裁法针对劳动争议处理面临的新情况、新问题，完善了劳动争议处理体制，确立了着重调解的原则，强化了各基层调解组织的作用，有利于将劳动争议解决在基层。

本法共分四章五十四条。

第一章规定了本法的总则，确立了调解、仲裁、诉讼的劳动争议解决机制，明确规定本法的适用范围限于我国境内的用人单位与劳动者发生的劳动争议；解决劳动争议应当根据事实，遵循合法、公正、及时、着重调解的原则。

第二、三章是关于调解与仲裁的程序性规定。发生劳动争议，当事人可以自行协商解决，如果不愿协商、协商不成或者达成和解协议后不履行的，可以向劳动争议仲裁委员会申请仲裁；对仲裁裁决不服的，除本法另有规定外，可以向人民法院提起诉讼。本法明确规定了劳动争议以进行仲裁为提起诉讼的前置条件。本法延长了申请仲裁的时效，更好地保护了当事人的合法权益，确立了数额较少或者事实清楚、标准明确的部分劳动争议案件一裁终局制度，有效地解决了劳动争议处理周期过长的问题。同时，关于调解与仲裁的人员资格与执行方面，本法并没有作详细规定，而是按照民事诉讼法与仲裁法等的相关法律规定执行。

第四章是附则。附则明确规定劳动争议仲裁不收取费用，劳动争议仲裁委员会经费由财政予以保障。附则还规定，事业单位实行聘用制的工作人员与本单位发生劳动争议的，依照本法执行；法律、行政法规或国务院另有规定的，依照其规定。这一规定与《中华人民共和国劳动合同法》关于事业单位聘用合同的法律适用的规定是一致的。劳动争议调解仲裁法的制定和实施，为公正及时解决劳动争议，促进劳动关系和谐稳定提供了法制保障。

本书紧扣法律条文，在重点法条之后附上条文注释、实用问答、典型案例、相关案例索引及相关规定。条文注释及实用问答部分可以帮助读者加深对于劳动争议调解仲裁法条文的理解。典型案例、相关案例索引部分收录了最高人民法院、最高人民检察院指导性案例、公报案例以及相关机构公布的劳动争议调解仲裁相关案例。通过对该部分的学习，可以进一步领会和把握法律条文的适用，从而作为解决实际问题的参考。相关规定在主法条的基础上逐条穿插关联的现行有效的法律、行政法规、部门规章、司法解释等，以方便读者理解和适用。

# 目　录

## 中华人民共和国劳动争议调解仲裁法

### 第一章　总　　则

## 第二章 调 解



## 第三章 仲 裁

### 第一节 一般规定

## 第四章 附 则



## 附录一

## 附录二

# 中华人民共和国劳动争议调解仲裁法

（2007年12月29日第十届全国人民代表大会常务委员会第三十一次会议通过　2007年12月29日中华人民共和国主席令第80号公布　自2008年5月1日起施行）

## 目　　录



## 第一章　总　　则

**第一条　立法目的**[①]

为了公正及时解决劳动争议，保护当事人合法权益，促进劳动关系和谐稳定，制定本法。

① 条文主旨为编者所加，下同。

## 条文注释

本条是关于本法立法目的的规定。其中所说的劳动争议，也称“劳动纠纷”，是指用人单位和劳动者在执行劳动方面的法律、法规和劳动合同、集体合同的过程中，就劳动的权利义务发生分歧而引起的争议。

劳动争议具有以下两个特点：第一，劳动争议的主体是劳动关系双方，即发生在用人单位和劳动者之间，二者之间形成了劳动关系，因而所发生的争议称为劳动争议；第二，劳动争议必须是因为执行劳动法律、法规或者订立、履行、变更、解除和终止劳动合同而引起的争议。有的争议虽然发生在用人单位和劳动者之间，但争议的内容不涉及劳动合同和其他执行劳动方面的法律、法规问题，如劳动者一方因为与用人单位发生买卖合同方面的纠纷，属于民事争议，不是劳动争议。

## 相关规定

《人力资源社会保障部 中央政法委 最高人民法院 工业和信息化部 司法部 财政部 中华全国总工会 中华全国工商业联合会 中国企业联合会/中国企业家协会关于进一步加强劳动人事争议协商调解工作的意见》

## 第二条 适用范围

中华人民共和国境内的用人单位与劳动者发生的下列劳动争议，适用本法：

（一）因确认劳动关系发生的争议；

（二）因订立、履行、变更、解除和终止劳动合同发生的争议；

（三）因除名、辞退和辞职、离职发生的争议；

（四）因工作时间、休息休假、社会保险、福利、培训以及劳动保护发生的争议；

（五）因劳动报酬、工伤医疗费、经济补偿或者赔偿金等发生的争议；

（六）法律、法规规定的其他劳动争议。

## 实用问答

**1. 问：哪些纠纷不属于劳动争议**

**答：**《最高人民法院关于审理劳动争议案件适用法律问题的解释（一）》第二条规定，下列纠纷不属于劳动争议：

（一）劳动者请求社会保险经办机构发放社会保险金的纠纷；

（二）劳动者与用人单位因住房制度改革产生的公有住房转让纠纷；

（三）劳动者对劳动能力鉴定委员会的伤残等级鉴定结论或者对职业病诊断鉴定委员会的职业病诊断鉴定结论的异议纠纷；

（四）家庭或者个人与家政服务人员之间的纠纷；

（五）个体工匠与帮工、学徒之间的纠纷；

（六）农村承包经营户与受雇人之间的纠纷。

**2. 问：用人单位未与劳动者签订劳动合同，如何认定双方是否存在劳动关系**

**答：**《劳动和社会保障部关于确立劳动关系有关事项的通知》第二条规定，用人单位未与劳动者签订劳动合同，认定双方存在劳动关系时可参照下列凭证：

（一）工资支付凭证或记录（职工工资发放花名册）、缴纳各项社会保险费的记录；

（二）用人单位向劳动者发放的“工作证”“服务证”等能够证明身份的证件；

（三）劳动者填写的用人单位招工招聘“登记表”“报名表”等招用记录；

（四）考勤记录；

（五）其他劳动者的证言等。

其中，第（一）、（三）、（四）项的有关凭证由用人单位负举证责任。

**3. 问：劳动者与用人单位就是否存在劳动关系引发争议的，能否向劳动争议仲裁委员会申请仲裁**

**答：**能。根据《劳动和社会保障部关于确立劳动关系有关事项的通知》第五条规定，劳动者与用人单位就是否存在劳动关系引发争议的，可向有管辖权的劳动争议仲裁委员会申请仲裁。

## ● 典型案例

**1. 如何认定网约货车司机与平台企业之间是否存在劳动关系（人力资源社会保障部、最高人民法院关于联合发布第三批劳动人事争议典型案例）**[①]

刘某于2020年6月14日与某信息技术公司订立为期1年的《车辆管理协议》，约定：刘某与某信息技术公司建立合作关系；刘某自备中型面包车1辆提供货物运输服务，须由本人通过公司平台在某市区域内接受公司派单并驾驶车辆，每日至少完成4单，多接订单给予加单奖励；某信息技术公司通过平台与客户结算货物运输费，每月向刘某支付包月运输服务费6000元及奖励金，油费、过路费、停车费等另行报销。

---

① 载最高人民法院网站，https://www.court.gov.cn/zixun/xiangqing/401172.html#，最后访问时间：2023年11月12日。

刘某从事运输工作期间，每日在公司平台签到并接受平台派单，跑单时长均在8小时以上。某信息技术公司通过平台对刘某的订单完成情况进行全程跟踪，刘某每日接单量超过4单时按照每单70元进行加单奖励，出现接单量不足4单、无故拒单、运输超时、货物损毁等情形时按照公司制定的费用结算办法扣减部分服务费。2021年3月2日，某信息技术公司与刘某订立《车辆管理终止协议》，载明：公司因调整运营规划，与刘某协商一致提前终止合作关系。刘某认为其与某信息技术公司之间实际上已构成劳动关系，终止合作的实际法律后果是劳动关系解除，某信息技术公司应当其支付经济补偿。某信息技术公司以双方书面约定建立合作关系为由否认存在劳动关系，拒绝支付经济补偿，刘某遂向劳动人事争议仲裁委员会（以下简称仲裁委员会）申请仲裁。

《中华人民共和国劳动合同法》[①] 第七条规定："用人单位自用工之日起即与劳动者建立劳动关系"，《关于维护新就业形态劳动者劳动保障权益的指导意见》第十八条规定："根据用工事实认定企业和劳动者的关系"，以上法律规定和政策精神体现出，认定劳动关系应当坚持事实优先原则。《关于确立劳动关系有关事项的通知》相关规定体现出，劳动关系的核心特征为"劳动管理"，即劳动者与用人单位之间具有人格从属性、经济从属性、组织从属性。

仲裁委员会裁决：某信息技术公司向刘某支付解除劳动合同经济补偿。

① 本书典型案例中的法律法规均为案件裁判时有效，以下不再提示。

**2. 如何认定网约配送员与平台企业之间是否存在劳动关系（人力资源社会保障部、最高人民法院关于联合发布第三批劳动人事争议典型案例）**[①]

徐某于2019年7月5日从某科技公司餐饮外卖平台众包骑手入口注册成为网约配送员，并在线订立了《网约配送协议》，协议载明：徐某同意按照平台发送的配送信息自主选择接受服务订单，接单后及时完成配送，服务费按照平台统一标准按单结算。从事餐饮外卖配送业务期间，公司未对徐某上线接单时间提出要求，徐某每周实际上线接单天数为3至6天不等，每天上线接单时长为2至5小时不等。平台按照算法规则向一定区域内不特定的多名配送员发送订单信息，徐某通过抢单获得配送机会，平台向其按单结算服务费。当出现配送超时、客户差评等情形时，平台核实情况后按照统一标准扣减服务费。2020年1月4日，徐某向平台客服提出订立劳动合同、缴纳社会保险费等要求，被平台客服拒绝，遂向仲裁委员会申请仲裁。请求确认徐某与某科技公司于2019年7月5日至2020年1月4日期间存在劳动关系，某科技公司支付解除劳动合同经济补偿。

根据《关于发布智能制造工程技术人员等职业信息的通知》相关规定，网约配送员是指通过移动互联网平台等，从事接收、验视客户订单，根据订单需求，按照平台智能规划路线，在一定时间内将订单物品递送至指定地点的服务人员。《关于维护新就业形态劳动者劳动保障权益的指导意见》根据平台不同用工形式，在劳动关系情形外，还明确了不完全符合确立劳动关系的情形及相应劳动者的基本权益。

仲裁委员会裁决：驳回徐某的仲裁请求。

---

① 载最高人民法院网站，https：//www. court. gov. cn/zixun/xiangqing/401172. html#，最后访问时间：2023年11月12日。

**3. 外卖平台用工合作企业通过劳务公司招用网约配送员，如何认定劳动关系（人力资源社会保障部、最高人民法院关于联合发布第三批劳动人事争议典型案例）**[①]

某货运代理公司承包经营某外卖平台配送站点，负责该站点网约配送业务。2019年5月27日，某货运代理公司与某劳务公司订立《配送业务承包协议》，约定由某劳务公司负责站点的配送员招募和管理工作。何某于2019年7月28日进入某外卖平台站点工作，并与某劳务公司订立了为期1年的《外卖配送服务协议》，约定：何某同意在某外卖平台注册为网约配送员，并进入某货运代理公司承包的配送站点从事配送业务；何某须遵守某货运代理公司制定的站点工作制度，每周经提前申请可休息1天，每天至少在线接单8小时；何某与某劳务公司之间为劳务合作关系，某劳务公司根据订单完成量向何某按月结算劳务报酬。从事配送工作期间，何某按照某货运代理公司制定的《配送员管理规则》，每天8：30到站点开早会，每周工作6至7天，每天在线接单时长为8至11小时不等。何某请假时，均须通过站长向某货运代理公司提出申请。某货运代理公司按照何某订单完成量向何某按月支付服务费，出现高峰时段不服从平台调配、无故拒接平台派单、超时配送、客户差评等情形时，某货运代理公司均按一定比例扣减服务费，而某劳务公司未对包含何某在内的站点配送员进行管理。2019年11月3日，何某在执行配送任务途中摔倒受伤，其要求某货运代理公司、某劳务公司按照工伤保险待遇标准向其赔偿各项治疗费用，某货运代理公司以未与何某订立任何协议为由拒绝承担责任，某劳务公司以与何某之间系劳务合作关系为由拒绝支付工伤保险

---

① 载最高人民法院网站，https：//www.court.gov.cn/zixun/xiangqing/401172.html#，最后访问时间：2023年11月12日。

待遇。2019年12月19日，何某以某货运代理公司、某劳务公司为共同被申请人向仲裁委员会申请仲裁。请求确认何某与某货运代理公司、某劳务公司于2019年7月28日至12月19日期间存在劳动关系。

本案中，从某货运代理公司与某劳务公司订立的《配送业务承包协议》内容看，某货运代理公司将配送员招募和管理工作外包给某劳务公司，应当由某劳务公司负责具体的用工组织和管理工作。但从本案用工事实看，某劳务公司并未对何某等站点配送员进行管理，其与某货运代理公司之间的《配送业务承包协议》并未实际履行；某货运代理公司虽然未与何某订立书面协议，却对其进行了劳动管理。因此，应当根据某货运代理公司对何某的劳动管理程度，认定双方之间是否存在劳动关系。何某须遵守某货运代理公司制定的《配送员管理规则》，按时到站点考勤；某货运代理公司对何某执行配送任务的情况进行监督，通过扣减服务费等方式对何某的工作时间、接单行为、服务质量等进行管理，双方之间存在较强的人格从属性。某货运代理公司根据单方制定的服务费结算办法向何某按月结算服务费，双方之间存在明显的经济从属性。何某虽以平台名义从事配送任务，但某货运代理公司将其纳入站点的配送组织体系进行管理，双方之间存在较强的组织从属性。综上，某货运代理公司对何某进行了较强程度的劳动管理，应当认定双方之间存在劳动关系。

仲裁委员会裁决：何某与某货运代理公司于2019年7月28日至12月19日期间存在劳动关系。

**4. 劳动者注册个体工商户与平台企业或其用工合作企业订立合作协议，能否认定劳动关系（人力资源社会保障部、最高人民法院关于联合发布第三批劳动人事争议典型案例）**[①]

孙某于2019年6月11日进入某外卖平台配送站点工作，该站点由某物流公司承包经营。某物流公司与孙某订立了自2019年6月11日起至2021年6月10日止的书面劳动合同。从事配送工作期间，孙某按照某物流公司要求在规定时间、指定区域范围内执行某外卖平台派发的配送任务，某物流公司根据孙某出勤及订单完成情况向其按月支付劳动报酬。某物流公司于2020年8月21日与某商务信息咨询公司订立《服务协议》，约定将包括孙某在内的部分配送员委托给某商务信息咨询公司管理。在某商务信息咨询公司安排下，孙某注册了名为"某配送服务部"的个体工商户，并于2020年9月6日与某物流公司订立了为期1年的《项目承包协议》，约定：某配送服务部与某物流公司建立合作关系，某配送服务部承接某外卖平台配送站点的部分配送业务，某物流公司按照配送业务完成量向某配送服务部按月结算费用。此后，孙某仍然在某外卖平台站点从事配送工作，接受某物流公司管理，管理方式未发生任何变化。2020年12月10日，某物流公司单方面终止《项目承包协议》，孙某要求某物流公司支付违法解除劳动合同赔偿金。某物流公司认为订立《项目承包协议》后，双方之间已从劳动关系变为合作关系，劳动合同自动终止，并以此为由拒绝支付违法解除劳动合同赔偿金。孙某遂向仲裁委员会申请仲裁。请求确认孙某与某物流公司于2020年9月6日至12月10日期间存在劳动关系，某物流公司支付违法解除劳动合同赔偿金。

---

① 载最高人民法院网站，https://www.court.gov.cn/zixun/xiangqing/401172.html#，最后访问时间：2023年11月12日。

本案中，在某商务信息咨询公司安排下，孙某注册个体工商户，并以个体工商户名义与某物流公司书面约定建立合作关系，但从用工事实看，某物流公司与孙某之间完全延续了此前的劳动管理方式，孙某仍然向某物流公司提供从属性劳动，双方之间并未作为法律地位平等的市场主体开展经营活动。因此，某物流公司关于双方之间由劳动关系变为合作关系、劳动合同自动终止的主张，与事实不符，应当认定在2020年9月6日之后双方之间仍然存在劳动关系，对孙某要求某物流公司支付违法解除劳动合同赔偿金的仲裁请求，应当予以支持。

仲裁委员会裁决：孙某与某物流公司于2020年9月6日至12月10日期间存在劳动关系，某物流公司向孙某支付违法解除劳动合同赔偿金。

**5. 如何认定网络主播与文化传播公司之间是否存在劳动关系（人力资源社会保障部、最高人民法院关于联合发布第三批劳动人事争议典型案例）**[①]

李某于2018年11月29日与某文化传播公司订立为期2年的《艺人独家合作协议》，约定：李某聘请某文化传播公司为其经纪人，某文化传播公司为李某提供网络主播培训及推广宣传，将其培养成为知名的网络主播；在合同期内，某文化传播公司为李某提供整套直播设备和直播室，负责安排李某的全部直播工作及直播之外的商业或非商业公众活动，全权代理李某涉及直播、出版、演出、广告、录音、录像等与演艺有关的商业或非商业公众活动，可在征得李某同意后作为其委托代理人签署有关合同；李某有权参与某文化传播公司安排的商业活动的策划过程、了解直播收支情况，并对个人形象定位等事项提

① 载最高人民法院网站，https：//www.court.gov.cn/zixun/xiangqing/401172.html#，最后访问时间：2023年11月12日。

出建议，但一经双方协商一致，李某必须严格遵守相关约定；李某直播内容和时间均由其自行确定，其每月获得各直播平台后台礼物累计价值5000元，可得基本收入2600元，超过5000元部分由公司和李某进行四六分成，超过9000元部分进行三七分成，超过12000元部分进行二八分成。从事直播活动后，李某按照某文化传播公司要求入驻两家直播平台，双方均严格履行协议约定的权利义务。李某每天直播时长、每月直播天数均不固定，月收入均未超过3500元。2019年3月31日，李某因直播收入较低，单方解除《艺人独家合作协议》，并以公司未缴纳社会保险费为由要求某文化传播公司向其支付解除劳动合同经济补偿。某文化传播公司以双方之间不存在劳动关系为由拒绝支付。李某向仲裁委员会申请仲裁，仲裁委员会裁决双方之间不存在劳动关系。李某不服仲裁裁决，诉至人民法院。请求确认其与某文化传播公司之间于2018年11月29日至2019年3月31日期间存在劳动关系，某文化传播公司支付解除劳动合同经济补偿。

本案中，通过《艺人独家合作协议》内容及履行情况可以看出，某文化传播公司作为李某的经纪人，虽然也安排李某从事为其创造直接经济收益的直播活动，但其主要目的是通过培训、包装、宣传、推广等手段使李某成为知名的网络主播；李某的直播时间及内容由其自主决定，其他相关活动要求等由双方协商确定，李某对其个人包装、活动参与等事项有协商权，对其创造的经济收益有知情权；双方以李某创造的经济收益为衡量标准，约定了“阶梯式”的收益分成方式。因此，双方之间的法律关系体现出平等协商的特点，并未体现出《关于确立劳动关系有关事项的通知》规定的劳动管理及从属性特征，应当认定为民事关系。李某提出确认劳动关系并支付解除劳动合同经济补偿的诉求，与事实不符，不予支持。

一审法院判决：李某与某文化传播公司之间不存在劳动关系。李某不服一审判决，提起上诉。二审法院判决：驳回上诉，维持原判。

**6. 如何认定网约家政服务人员与家政公司之间是否存在劳动关系（人力资源社会保障部、最高人民法院关于联合发布第三批劳动人事争议典型案例）**①

宋某，出生日期为1976年10月7日，于2019年10月26日到某员工制家政公司应聘家政保洁员，双方订立了《家政服务协议》，约定：某家政公司为宋某安排保洁业务上岗培训（初级），培训费用由公司承担，宋某经培训合格后须按照公司安排为客户提供入户保洁服务，合作期限为2年；宋某须遵守公司统一制定的《家政服务人员行为规范》，合作期限内不得通过其他平台从事家政服务工作；某家政公司为宋某配备工装及保洁用具，并购买意外险，费用均由公司承担；宋某每周须工作6天，工作期间某家政公司通过本公司家政服务平台统一接收客户订单，并根据客户需求信息匹配度向宋某派发保洁类订单，工作日无订单任务时宋某须按照公司安排从事其他工作；某家政公司按月向宋某结付报酬，报酬计算标准为底薪1600元/月，保洁服务费15元/小时，全勤奖200元/月；如宋某无故拒接订单或收到客户差评，某家政公司将在核实情况后扣减部分服务费。2019年11月1日，宋某经培训合格后上岗。从事保洁工作期间，宋某每周工作6天，每天入户服务6至8小时。2020年1月10日，宋某在工作中受伤，要求某家政公司按照工伤保险待遇标准向其赔偿各类治疗费用，某家政公司以双方之间不存在劳动关系为由拒绝支付。宋某于2020年1月21日向仲裁委员会申请仲裁，请求确认其与某家政公司于2019年11

① 载最高人民法院网站，https：//www.court.gov.cn/zixun/xiangqing/401172.html#，最后访问时间：2023年11月12日。

月1日至2020年1月21日期间存在劳动关系。仲裁委员会裁决宋某与某家政公司之间存在劳动关系，某家政公司不服仲裁裁决，诉至人民法院。请求确认某家政公司与宋某之间不存在劳动关系。

本案中，宋某未达法定退休年龄，其与某家政公司均是建立劳动关系的合法主体。在劳动管理方面，某家政公司要求宋某遵守其制定的工作规则，通过平台向宋某安排工作，并通过发放全勤奖、扣减服务费等方式对宋某的工作时间、接单行为、服务质量等进行控制和管理，双方之间存在较强的人格从属性。某家政公司掌握宋某从事家政服务业所必需的用户需求信息，统一为宋某配备保洁工具，并以固定薪资结构向宋某按月支付报酬，双方之间存在较强的经济从属性。宋某以某家政公司名义对外提供家政服务，某家政公司将宋某纳入其家政服务组织体系进行管理，并通过禁止多平台就业等方式限制宋某进入其他组织，双方之间存在明显的组织从属性。综上，某家政公司对宋某存在较强程度的劳动管理，符合订立劳动合同的情形，虽然双方以合作为名订立书面协议，但根据事实优先原则，应当认定双方之间存在劳动关系。

一审法院判决：宋某与某家政公司于2019年11月1日至2020年1月21日期间存在劳动关系。某家政公司不服一审判决，提起上诉。二审法院判决：驳回上诉，维持原判。

**7. 劳动者在离职文件上签字确认加班费已结清，是否有权请求支付欠付的加班费**（人力资源社会保障部、最高人民法院关于联合发布第二批劳动人事争议典型案例）①

2017年7月，肖某与某科技公司（已依法取得劳务派遣行政许

① 载最高人民法院网站，https://www.court.gov.cn/zixun-xiangqing-319151.html，最后访问时间：2023年11月12日。

可）订立劳动合同，被派遣至某快递公司担任配送员，月工资为基本工资加提成。肖某主张某快递公司在用工期间安排其双休日及法定节假日加班，并提交了工资表。工资表加盖有某科技公司公章，某科技公司和某快递公司均认可其真实性。该工资表显示，2017 年 7 月至 2019 年 10 月期间肖某存在不同程度的双休日加班及法定节假日加班，但仅获得少则 46.15 元、多则 115.40 元的出勤补贴或节假日补助。2019 年 11 月，肖某向某科技公司提出离职，当日双方签署离职申请交接表。该表“员工离职原因”一栏显示：“公司未上社会保险，工作压力大、没给加班费。”“员工确认”一栏显示：“经说明，我已知悉《中华人民共和国劳动合同法》上的权利和义务，现单位已经将我的工资、加班费、经济补偿结清，我与单位无其他任何争议。本人承诺不再以任何理由向某科技公司及用工单位主张权利。”员工签名处有肖某本人签名。肖某对离职申请交接表的真实性认可，但认为表中“员工确认”一栏虽系其本人签字，但并非其真实意思表示，若不签字，某科技公司就不让其办理工作交接，该栏内容系某科技公司逃避法律责任的一种方法。肖某不服仲裁裁决，诉至人民法院。

一审法院判决：驳回肖某加班费的诉讼请求。肖某不服，提起上诉。二审法院改判：某科技公司与某快递公司连带支付肖某加班费 24404.89 元。

本案中，肖某认为离职申请交接表“员工确认”一栏不是其真实意思表示，上面记载的内容也与事实不符。该表中“员工离职原因”与“员工确认”两处表述确实存在矛盾。两家公司均未提供与肖某就加班费等款项达成的协议及已向肖某支付上述款项的证据，且肖某否认双方就上述款项已达成一致并已给付。因此，离职申请交接表中员工确认的“现单位已将我的工资、加班费、经济补偿结清，我与单位无其他任何争议”与事实不符，不能认定为肖某的真实意思表示。本案情形并不符合《最高人民法院关于审理劳动争议案件适用法律问题的解释（一）》第三十五条之规定，故二审法院依法支持肖某关于加班费的诉讼请求。

**8. 企业承接平台业务应根据用工事实承担用工主体责任（北京市发布2022年度劳动人事争议仲裁典型案例）**①

2020年5月2日，饶某通过朋友介绍，在某专门从事空调安装的APP上进行注册，随后开始承接某安装公司通过微信发来的空调安装派工单。工作中，饶某与腾某同组，两人固定搭档进行空调安装。2020年6月5日，某安装公司的姜某通过微信向腾某派单，指派其前往某小区安装空调。次日，饶某与腾某一起去该地点安装空调，在安装空调的过程中饶某摔伤。事故发生后，饶某委托的律师曾与某安装公司的负责人霍某通过微信协商认定工伤事宜，双方约定一起去人力社保部门认定工伤，但霍某未按时到场，饶某未能进行工伤认定。2021年5月12日，饶某向劳动人事争议仲裁委员会（以下简称仲裁委员会）提出仲裁申请，要求确认其与某安装公司存在劳动关系。庭审过程中，腾某出庭作证称，其于2020年5月至7月在某安装公司工作，与饶某为同组同事，安装空调费用是根据安装空调数量按月结算，某安装公司通过银行转账将其与饶某的工资进行支付，其再将饶某的工资转付饶某。霍某出庭作证称，某安装公司通过APP平台承接空调安装业务，饶某是腾某招的小工，两人为固定搭档，根据派单安装空调，饶某的工资由腾某结算，某安装公司与饶某是劳务关系。饶某提交霍某的微信朋友圈截图显示，霍某多次在朋友圈发布招聘信

① 载北京市人民政府网，https://www.beijing.gov.cn/ywdt/gzdt/202212/t20221223_2883294.html? eqid=a40083c7000043b200000003642abeac，最后访问时间：2023年11月12日。

息，称某安装公司负责空调的安装维修，长期招聘带车送货安装师傅、学徒等。某安装公司对上述两人的证言及朋友圈截图的真实性均认可，但认为，即使其公司长期招聘安装人员，也是其公司的商业行为，不能证明与饶某存在劳动关系，其与饶某只是劳务关系。

饶某要求确认饶某与某安装公司在2020年5月2日至2021年5月12日期间存在劳动关系。

仲裁委员会裁决支持饶某的仲裁请求，一审、二审判决结果与仲裁裁决结果一致。

**9. 用人单位有权自主决定劳动者休福利年休假相关事项（北京市发布2022年度劳动人事争议仲裁典型案例）**[①]

张某于2014年8月1日入职某税务咨询公司，岗位是高级税务经理，双方于2018年8月1日订立无固定期限劳动合同。2020年12月28日，某税务咨询公司以“客观情况发生重大变化致使劳动合同无法履行，经双方协商，未能就变更劳动合同内容达成协议”为由，与张某解除劳动合同并向其支付了解除劳动合同经济补偿及额外1个月工资。张某离职前12个月的平均工资为35000元。在职期间，张某每年享有20天年休假，其中法定带薪年休假15天、公司福利年休假5天。张某在2019年、2020年共计有9天福利年休假未休。在离职结算时，由于对未休福利年休假该如何补偿未作明确规定，某税务咨询公司按照单倍工资标准向张某支付上述未休福利年休假工资报酬，但张某认为应按照法定带薪年休假即双倍工资标准支付，双方因此发生争议。2021年1月6日，张某向劳动人事争议仲裁委员会（以下简称仲裁委员会）提出仲裁申请。要求某税务咨询公司支付2019年、

① 载北京市人民政府网，https://www.beijing.gov.cn/ywdt/gzdt/202212/t20221223_2883294.html?eqid=a40083c7000043b200000003642abeac，最后访问时间：2023年11月12日。

2020年共计有9天未休福利年休假工资报酬（差额）14482元。

仲裁委员会裁决驳回张某的仲裁请求，一审、二审判决结果与仲裁裁决结果一致。

## 相关规定

《中华人民共和国劳动合同法》第7条；《中华人民共和国劳动合同法实施条例》第18~19条；《关于确立劳动关系有关事项的通知》；《最高人民法院关于审理劳动争议案件适用法律问题的解释（一）》第1~2条；《中华人民共和国劳动法》第36~43条、第47~48条、第85条；《国务院关于职工工作时间的规定》；《关于企业实行不定时工作制和综合计算工时工作制的审批办法》；《事业单位人事管理条例》第15条

## 第三条 基本原则

解决劳动争议，应当根据事实，遵循合法、公正、及时、着重调解的原则，依法保护当事人的合法权益。

## 典型案例

**1. 劳动者与用人单位订立放弃加班费协议，能否主张加班费（人力资源社会保障部、最高人民法院关于联合发布第二批劳动人事争议典型案例）①**

张某于2020年6月入职某科技公司，月工资20000元。某科技公司在与张某订立劳动合同时，要求其订立一份协议作为合同附件，协议内容包括“我自愿申请加入公司奋斗者计划，放弃加班费。”半年

① 载最高人民法院网站，https：//www.court.gov.cn/zixun-xiangqing-319151.html，最后访问时间：2023年11月12日。

后，张某因个人原因提出解除劳动合同，并要求支付加班费。某科技公司认可张某加班事实，但以其自愿订立放弃加班费协议为由拒绝支付。张某向劳动人事争议仲裁委员会（以下简称仲裁委员会）申请仲裁。

仲裁委员会裁决：某科技公司支付张某 2020 年 6 月至 12 月加班费 24000 元。

《中华人民共和国劳动合同法》第二十六条规定："下列劳动合同无效或者部分无效：……（二）用人单位免除自己的法定责任、排除劳动者权利的……"《最高人民法院关于审理劳动争议案件适用法律问题的解释（一）》（法释〔2020〕26 号）第三十五条规定："劳动者与用人单位就解除或者终止劳动合同办理相关手续、支付工资报酬、加班费、经济补偿或者赔偿金等达成的协议，不违反法律、行政法规的强制性规定，且不存在欺诈、胁迫或者乘人之危情形的，应当认定有效。前款协议存在重大误解或者显失公平情形，当事人请求撤销的，人民法院应予支持。"加班费是劳动者延长工作时间的工资报酬，《中华人民共和国劳动法》第四十四条、《中华人民共和国劳动合同法》第三十一条明确规定了用人单位支付劳动者加班费的责任。约定放弃加班费的协议免除了用人单位的法定责任、排除了劳动者权利，显失公平，应认定无效。

本案中，某科技公司利用在订立劳动合同时的主导地位，要求张某在其单方制定的格式条款上签字放弃加班费，既违反法律规定，也违背公平原则，侵害了张某工资报酬权益。故仲裁委员会依法裁决某科技公司支付张某加班费。

**2. 超过用工时长非全日制劳动合同不能成为免责挡箭牌（北京市发布2022年度劳动人事争议仲裁典型案例）**①

杨某于2011年9月16日入职某商务会馆公司，担任修脚技师。工作期间，双方先后连续订立六次非全日制劳动合同，最后一份合同截止日期为2021年1月15日，该公司未为杨某缴纳社会保险费。杨某月工资不固定，无底薪，工资按月支付，全部为提成工资，月均工资为5314元。2021年3月19日，杨某以未为其缴纳社会保险费为由，向公司发出书面通知解除劳动关系。2021年3月25日，杨某向劳动人事争议仲裁委员会（以下简称仲裁委员会）提出仲裁申请，要求某商务会馆公司支付解除劳动合同经济补偿。庭审中，关于工作时长，某商务会馆公司主张，杨某属于非全日制用工，实行计件工资制，没有社会保险，对其工作时间没有要求，也不要求打卡，有客人来就上钟，没有客人就休息，每周有一天休息，故不同意支付解除劳动合同经济补偿。杨某则主张，其每天下午1点上班，晚上12点下班，每周有一天休息需要申请，公司批准后可以休。针对工作时长的主张，杨某提交了其与上级主管的微信聊天记录予以佐证。该微信聊天记录显示，杨某称"每天下午1点到夜里12点的熬夜工作，单位没有给缴纳社保没有医疗保障"。对方回复有"如果是班次的话可以调整""因为现在就两个人，所以时间比较长"等内容，某商务会馆公司认可上述微信聊天记录的真实性。

杨某要求某商务会馆公司支付解除劳动合同经济补偿53140元。

《中华人民共和国劳动合同法》第六十八条规定："非全日制用工，是指以小时计酬为主，劳动者在同一用人单位一般平均每日工作

① 载北京市人民政府网，https://www.beijing.gov.cn/ywdt/gzdt/202212/t20221223_2883294.html?eqid=a40083c7000043b200000003642abeac，最后访问时间：2023年11月12日。

时间不超过四小时，每周工作时间累计不超过二十四小时的用工形式。”第七十二条第二款规定：“非全日制用工劳动报酬结算支付周期最长不得超过十五日。”本案中，第一，某商务会馆公司对杨某并非按照小时计酬，而是根据业绩提成计算工资；第二，杨某在职期间在工作地点随时待命，其提交的证据亦显示其每天工作时长11小时左右，每周工作至少6天，明显超过非全日制用工对用工时长的限制；第三，某商务会馆公司系按月向杨某发放工资，结算支付周期已超过15日。综上，虽然双方签订了非全日制劳动合同，但双方的劳动关系形式以及报酬结算方式不符合非全日制用工的特点，应认定双方属于全日制劳动关系。《中华人民共和国劳动合同法》第三十八条第一款第三项规定：“用人单位有下列情形之一的，劳动者可以解除劳动合同：……（三）未依法为劳动者缴纳社会保险费的；……”第四十六条第一项规定：“有下列情形之一的，用人单位应当向劳动者支付经济补偿：（一）劳动者依照本法第三十八条规定解除劳动合同的；……”由于某商务会馆公司未依法为杨某缴纳社会保险费，根据上述规定，仲裁委员会依法裁决支持杨某的仲裁请求。

仲裁委员会裁决：支持杨某的仲裁请求，一审、二审判决结果与仲裁裁决结果一致。

**3. 订立免责协议不能免除用人单位对工伤职工法定义务（北京市发布2022年度劳动人事争议仲裁典型案例）**[①]

乔某系某保安服务公司乘务管理员，于2019年1月入职，月均实发工资3500元，最后工作至2019年10月14日，当天在接车时发生交通事故。在职期间，某保安服务公司未为乔某缴纳社会保险费。

---

① 载北京市人民政府网，https：//www.beijing.gov.cn/ywdt/gzdt/202212/t20221223_2883294.html？eqid=a40083c7000043b200000003642abeac，最后访问时间：2023年11月12日。

2020年12月，某区人社局作出《认定工伤决定书》，认定乔某所受伤害为工伤。2021年4月30日，某区劳动能力鉴定委员会作出的鉴定结论为：目前已达到职工工伤与职业病致残等级标准八级。某保安服务公司认为，入职之时，其与乔某签订《乘务管理员劳动协议》，约定乔某自愿放弃社保，其工资中有一部分是社保补偿等；事故发生后，双方订立《协议书》，其中载明“……为向肇事方申请补偿，特向公司申请开具误工证明。此证明只限于本人向肇事方申请补偿之用，不会利用此证明对公司进行法律诉讼或责任追究，与公司不存在任何法律纠纷”，故不同意向乔某赔付任何工伤待遇。2021年6月，乔某向劳动人事争议仲裁委员会（以下简称仲裁委员会）提出仲裁申请。要求某保安服务公司支付一次性伤残补助金、一次性工伤医疗补助金、一次性伤残就业补助金合计239509元。

仲裁委员会裁决：支持乔某的仲裁请求，一审、二审判决结果与仲裁裁决结果一致。

《中华人民共和国劳动合同法》第二十六条第一款规定：“下列劳动合同无效或者部分无效：……（三）违反法律、行政法规强制性规定的。”某保安服务公司虽与乔某订立《乘务管理员劳动协议》《协议书》，但上述协议违反《中华人民共和国社会保险法》《工伤保险条例》有关用人单位应当依法为劳动者缴纳社会保险费（工伤保险费）的强制性规定，故不能发生免责的法律效果。《工伤保险条例》第六十二条第二款规定：“依照本条例规定应当参加工伤保险而未参加工伤保险的用人单位职工发生工伤的，由该用人单位按照本条例规定的工伤保险待遇项目和标准支付费用。”本案中，某保安服务公司未为乔某依法缴纳工伤保险费，致使本可由社保基金列支的相关工伤保险待遇，均由该公司全额向乔某支付。

**4. 离职证明存根上的格式条款不能排除劳动者相应权利（北京市发布2022年度劳动人事争议仲裁典型案例）**[①]

常某于2020年1月4日入职某教育科技公司，岗位为研发工程师，双方签订有期限为3年的书面劳动合同，约定常某的月工资为16000元。在职期间，某教育科技公司采取大小周工作制度，安排常某大周上六天班，并以补贴形式向其发放单倍加班工资。2021年1月25日，常某因个人原因离职。当日，某教育科技公司向常某出具离职证明，常某在离职证明存根上签字。该离职证明存根内容为："本人确认，在职期间的工资、奖金、加班费、经济补偿等（如有）均已结清；本人放弃向公司主张任何权利，并已于2021年1月25日领取离职证明。"2021年3月15日，常某要求支付在职期间另一倍休息日加班费，某教育科技公司以常某已在离职证明存根上签字、表明双方在加班费等方面无争议为由予以拒绝。因某教育科技公司不同意就该加班费争议进行协商，常某遂向劳动人事争议仲裁委员会（以下简称仲裁委员会）提出仲裁申请。

常某要求某教育科技公司支付2020年1月4日至2021年1月25日期间休息日加班25天的加班费差额18390元。《中华人民共和国劳动合同法》第五十条第一款规定："用人单位应当在解除或者终止劳动合同时出具解除或者终止劳动合同的证明，并在十五日内为劳动者办理档案和社会保险关系转移手续。"《中华人民共和国劳动合同法实施条例》第二十四条规定："用人单位出具的解除、终止劳动合同的证明，应当写明劳动合同期限、解除或者终止劳动合同的日期、工作岗位、在本单位的工作年限。"

---

① 载北京市人民政府网，https://www.beijing.gov.cn/ywdt/gzdt/202212/t20221223_2883294.html?eqid=a40083c7000043b200000003642abeac，最后访问时间：2023年11月12日。

仲裁委员会裁决：支持常某的仲裁请求，一审、二审判决结果与仲裁裁决结果一致。

### *相关规定*

《人力资源社会保障部 中央政法委 最高人民法院 工业和信息化部 司法部 财政部 中华全国总工会 中华全国工商业联合会 中国企业联合会/中国企业家协会关于进一步加强劳动人事争议协商调解工作的意见》

## 第四条 协商

发生劳动争议，劳动者可以与用人单位协商，也可以请工会或者第三方共同与用人单位协商，达成和解协议。

### *相关规定*

《人力资源社会保障部 中央政法委 最高人民法院 工业和信息化部 司法部 财政部 中华全国总工会 中华全国工商业联合会 中国企业联合会/中国企业家协会关于进一步加强劳动人事争议协商调解工作的意见》

## 第五条 调解、仲裁、诉讼

发生劳动争议，当事人不愿协商、协商不成或者达成和解协议后不履行的，可以向调解组织申请调解；不愿调解、调解不成或者达成调解协议后不履行的，可以向劳动争议仲裁委员会申请仲裁；对仲裁裁决不服的，除本法另有规定的外，可以向人民法院提起诉讼。

## 实用问答

**1. 问：劳动争议发生后，当事人是否可以直接向人民法院起诉？**

**答：**不可以。根据《中华人民共和国劳动法》第七十九条规定，劳动争议发生后，当事人可以向本单位劳动争议调解委员会申请调解；调解不成，当事人一方要求仲裁的，可以向劳动争议仲裁委员会申请仲裁。当事人一方也可以直接向劳动争议仲裁委员会申请仲裁。对仲裁裁决不服的，可以向人民法院提起诉讼。

**2. 问：对仲裁裁决不服的，当事人可以通过什么方式处理？**

**答：**我国现行的仲裁法规定，一般经济纠纷的仲裁实行一裁终局制度，即仲裁裁决作出后，当事人就同一纠纷再申请仲裁或者向人民法院起诉的，仲裁委员会或者人民法院不予受理。对于劳动争议仲裁，当事人对裁决不服的，除本法另有规定的外，当事人可以向人民法院提起诉讼。这里的“本法另有规定的”是指本法第四十七条规定的一裁终局的情形：“下列劳动争议，除本法另有规定的外，仲裁裁决为终局裁决，裁决书自作出之日起发生法律效力：（一）追索劳动报酬、工伤医疗费、经济补偿或者赔偿金，不超过当地月最低工资标准十二个月金额的争议；（二）因执行国家的劳动标准在工作时间、休息休假、社会保险等方面发生的争议。”对于上述劳动争议案件的裁决，劳动者不服的，可以自收到仲裁书之日起十五日内向人民法院提起诉讼；用人单位一方不服的，需要先向法院申请撤销仲裁裁决，在人民法院作出撤销仲裁裁决的裁定后，可以自收到裁定书之日起十五日内就争议事项向人民法院提起诉讼。

## 典型案例

**1. 劳动者超时加班发生工伤，用工单位、劳务派遣单位是否承担连带赔偿责任**（人力资源社会保障部、最高人民法院关于联合发布第二批劳动人事争议典型案例）[①]

2017年8月，某服务公司（已依法取得劳务派遣行政许可）与某传媒公司签订劳务派遣协议，约定某服务公司为某传媒公司提供派遣人员，每天工作11小时，每人每月最低保底工时286小时。2017年9月，某服务公司招用李某并派遣其至某传媒公司工作，未为李某缴纳工伤保险。2018年8月、9月、11月，李某月工时分别为319小时、293小时、322.5小时，每月休息日不超过3日。2018年11月30日，李某工作时间为当日晚8时30分至12月1日上午8时30分。李某于12月1日凌晨5时30分晕倒在单位卫生间，经抢救无效于当日死亡，死亡原因为心肌梗死等。2018年12月，某传媒公司与李某近亲属惠某等签订赔偿协议，约定某传媒公司支付惠某等李某工亡待遇420000元，惠某等不得再就李某工亡赔偿事宜或在派遣工作期间享有的权利，向某传媒公司提出任何形式的赔偿要求。上述协议签订后，某传媒公司实际支付惠某等各项费用计423497.80元。此后，李某所受伤害被社会保险行政部门认定为工伤。某服务公司、惠某等不服仲裁裁决，诉至人民法院。

一审法院判决：按照《工伤保险条例》规定，因用人单位未为李某缴纳工伤保险，其工亡待遇由用人单位全部赔偿。某服务公司和某传媒公司连带赔偿惠某等医疗费、一次性工亡补助金、丧葬补助金、供养亲属抚恤金合计766911.55元。某传媒公司不服，提起上诉。二

---

① 载最高人民法院网站，https：//www.court.gov.cn/zixun-xiangqing-319151.html，最后访问时间：2023年11月12日。

审法院判决：驳回上诉，维持原判。

本案中，某服务公司和某传媒公司协议约定的被派遣劳动者每天工作时间及每月工作保底工时，均严重超过法定标准。李某工亡前每月休息时间不超过3日，每日工作时间基本超过11小时，每月延长工作时间超过36小时数倍，其依法享有的休息权受到严重侵害。某传媒公司作为用工单位长期安排李某超时加班，存在过错，对李某在工作期间突发疾病死亡负有不可推卸的责任。惠某等主张某传媒公司与某服务公司就李某工伤的相关待遇承担连带赔偿责任，应予支持。惠某等虽与某传媒公司达成了赔偿协议，但赔偿协议是在劳动者未经社会保险行政部门认定工伤的情形下签订的，且赔偿协议约定的补偿数额明显低于法定工伤保险待遇标准，某服务公司和某传媒公司应对差额部分予以补足。

**2. 用人单位以规章制度形式否认劳动者加班事实是否有效（人力资源社会保障部、最高人民法院关于联合发布第二批劳动人事争议典型案例）**[①]

常某于2016年4月入职某网络公司。入职之初，某网络公司通过电子邮件告知常某，公司采取指纹打卡考勤。员工手册规定：“21：00之后起算加班时间；加班需由员工提出申请，部门负责人审批。”常某于2016年5月至2017年1月期间，通过工作系统累计申请加班126小时。某网络公司以公司规章制度中明确21：00之后方起算加班时间，21：00之前的不应计入加班时间为由，拒绝支付常某加班费差额。常某向劳动人事争议仲裁委员会（以下简称仲裁委员会）申请仲裁，请求裁决某网络公司支付其加班费差额。某网络公司不服

① 载最高人民法院网站，https：//www.court.gov.cn/zixun-xiangqing-319151.html，最后访问时间：2023年11月12日。

仲裁裁决，诉至人民法院。

《中华人民共和国劳动合同法》第四条规定："用人单位应当依法建立和完善劳动规章制度，保障劳动者享有劳动权利、履行劳动义务。用人单位在制定、修改或者决定有关劳动报酬、工作时间、休息休假、劳动安全卫生、保险福利、职工培训、劳动纪律以及劳动定额管理等直接涉及劳动者切身利益的规章制度或者重大事项时，应当经职工代表大会或者全体职工讨论，提出方案和意见，与工会或者职工代表平等协商确定。……用人单位应当将直接涉及劳动者切身利益的规章制度和重大事项决定公示，或者告知劳动者。"通过民主程序制定的规章制度，不违反国家法律、行政法规及政策规定，并已向劳动者公示的，可以作为确定双方权利义务的依据。

一审法院判决：某网络公司支付常某加班费差额32000元。双方不服，均提起上诉。二审法院判决：驳回上诉，维持原判。

## 相关规定

《中华人民共和国劳动争议调解仲裁法》第47~50条；《最高人民法院关于审理劳动争议案件适用法律问题的解释（一）》第4条

## 第六条 举证责任

发生劳动争议，当事人对自己提出的主张，有责任提供证据。与争议事项有关的证据属于用人单位掌握管理的，用人单位应当提供；用人单位不提供的，应当承担不利后果。

## 条文注释

本条是关于当事人在劳动争议发生后的举证责任的规定。理解本条应予注意的是，用人单位的举证责任倒置仅仅限于"与争议事项有关的证据属于用人单位掌握管理的”情况。劳动者和用人单位双方在劳动争议处理程序中处于不平等的地位，双方的维权能力仍然不对称、不平衡，主要表现在：第一，在劳动争议处理程序中，劳动者仍然是一个个人，通常情况下与掌握大量人力、物力和财力的作为组织体的用人单位相比是弱者，其在劳动争议处理程序中的对抗能力依然远不及用人单位；第二，劳动者在劳动关系中的弱势地位、隶属地位常常使其在劳动争议处理程序中继续处于弱势地位；第三，劳动争议处理程序中的劳动者常常由于劳动关系尚未解除而仍然处于用人单位的管理之下，这时劳动者在劳动争议处理程序中的行为仍然直接受制于用人单位；第四，有些与争议事项有关的证据是由用人单位掌握管理的，例如人事档案、用工花名册，劳动者无法提供或者很难举证。在这种情况下仍然坚持“谁主张，谁举证”原则，对于劳动者来说有失公平。本法规定，这些由用人单位掌握管理的证据应当由用人单位提供。其不提供的，用人单位就会因为自己不提供其应当提供的证据而承担不利的法律后果。这里的“不提供”是指用人单位主观上“不提供”，而不是客观上的“不能提供”。

## 实用问答

**1. 问：劳动者主张加班费的劳动争议纠纷案件中，由哪一方承担举证责任？**

**答：**根据《最高人民法院关于审理劳动争议案件适用法律问题的解释（一）》第四十二条规定，劳动者主张加班费的，应当就加班事实的存在承担举证责任。但劳动者有证据证明用人单位掌握加班事实存在的证据，用人单位不提供的，由用人单位承担不利后果。

**2. 问：劳动者主张提成工资的案件中，举证责任应如何分配？**

**答：**《中华人民共和国民事诉讼法》第六十七条第一款规定：

"当事人对自己提出的主张，有责任提供证据。"也就是说，原则上应当由主张权利存在的当事人对该权利发生原因的事实承担证明责任，而主张权利不存在的当事人，对权利消灭原因的事实承担证明责任。在法律没有对劳动者的提成工资明确规定举证责任倒置的情况下，劳动者所主张的提成工资，显然属于主张劳动报酬请求权，因此，应当由劳动者对提成工资发生原因的事实即双方约定的提成工资产生的事实承担举证责任。

在现实生活中，各行各业的提成工资的计算方法纷繁复杂，可能涉及合同额、工程成本、基本定额、人员成本等多种计算参数，这些计算参数的确定，是确认劳动者提成工资数额的关键因素，因而也往往成为案件中当事人的争议焦点。在确定这些具体参数时，不应机械地将举证责任全部加于劳动者一方。

## 典型案例

**1. 处理加班费争议，如何分配举证责任**（人力资源社会保障部、最高人民法院关于联合发布第二批劳动人事争议典型案例）[①]

林某于2020年1月入职某教育咨询公司，月工资为6000元。2020年7月，林某因个人原因提出解除劳动合同，并向劳动人事争议仲裁委员会（以下简称仲裁委员会）申请仲裁。林某主张其工作期间每周工作6天，并提交了某打卡APP考勤记录（显示林某及某教育咨询公司均实名认证，林某每周一至周六打卡；每天打卡两次，第一次打卡时间为上午9时左右，第二次打卡时间为下午6时左右；打卡地点均为某教育咨询公司所在位置，存在个别日期未打卡情形）、工资支付记录复印件（显示曾因事假扣发工资，扣发日期及天数与打卡

① 载最高人民法院网站，https：//www. court. gov. cn/zixun-xiangqing-319151. html，最后访问时间：2023年11月12日。

记录一致，未显示加班费支付情况）。某教育咨询公司不认可上述证据的真实性，主张林某每周工作5天，但未提交考勤记录、工资支付记录。

仲裁委员会裁决：某教育咨询公司支付林某加班费10000元（裁决为终局裁决）。

本案中，虽然林某提交的工资支付记录为复印件，但与实名认证的APP考勤记录相互印证，能够证明某教育咨询公司掌握加班事实存在的证据。某教育咨询公司虽然不认可上述证据的真实性，但未提交反证或者作出合理解释，应承担不利后果。故仲裁委员会依法裁决某教育咨询公司支付林某加班费10000元。

**2. 高级管理人员执行不定时工作制，企业无须支付加班费**（北京市发布2022年度劳动人事争议仲裁典型案例）①

刘某于2011年7月15日入职某互联网科技公司，任职副总经理。2014年12月12日，双方签订无固定期限劳动合同，其中对工作时间的约定为“本公司实行每周五天、每天八小时标准工制”。刘某每月基本工资25000元，2017年至2020年每年绩效奖金为350000元至550000元不等。2021年4月14日，刘某向某互联网科技公司发送《解除劳动合同通知书》，载明“因贵司未足额支付劳动报酬，现根据《劳动合同法》第三十八条的规定，特通知贵司，自即日起我与贵司的劳动合同解除”。2021年5月，刘某向劳动人事争议仲裁委员会（以下简称仲裁委员会）提出仲裁申请，要求某互联网科技公司支付其加班费及解除劳动合同经济补偿。庭审中，某互联网科技公司则主张，刘某是公司高级管理人员，适用不定时工作制；刘某称，双方签

① 载北京市人民政府网，https：//www. beijing. gov. cn/ywdt/gzdt/202212/t20221223_ 2883294. html？eqid=a40083c7000043b200000003642abeac，最后访问时间：2023年11月12日。

订的劳动合同中约定“本公司实行每周五天、每天八小时标准工时制”，其并非适用不定时工作制，且其需要进行打卡考勤，每月由人力资源部对打卡汇总后，通过邮件发送考勤表给其确认，公司通过此种方式进行考勤管理，2017年1月1日至2021年3月31日期间其延时加班556小时、休息日加班10天、法定节假日加班1天。刘某提交与人力资源部的邮件及考勤表予以证明，邮件载有“此考勤表仅供部门负责人做参考使用，由于人员流动频繁、流程审批延迟，导致数据导出会有偏差，请负责人务必认真核对部门人员数量、休假类型、休假天数，若有休假未提交相关手续者，督促员工按公司要求OA提交相关资料，最终将以部门负责人确认考勤为准。请您于……纸质版部门考勤……交至人力资源部”，2017年至2020年各月考勤记录为邮件附件，其上显示考勤项目包含“事假、病假、迟到/早退、旷工、年假、调休、婚假、丧假、产检、考试假”，其他员工栏偶有记录休假情况，刘某一栏均为空白；某互联网科技公司认可邮件及考勤表的真实性，但称邮件是公司人力资源部向刘某发送的其主管部门人员的请假等内容的记录，刘某被列入该表仅是系统自动生成，未体现其有任何的请假、缺勤、加班记录，不能证明公司对其进行打卡考勤。

本案中，从刘某提交的与人力资源部的邮件和考勤表的内容可知，考勤表主要用于部门负责人对部门人员休假情况的确认，并非刘某所述的打卡汇总；退一步讲，若如刘某所述是打卡汇总，由人力资源部发给其确认，公司通过该种方式对其进行考勤管理，则已经过其确认的考勤表，也没有显示其存在任何加班情况；因此，刘某被纳入考勤表，其记录均为空白，更符合某互联网科技公司所述系因系统自动生成，公司不对其进行考勤管理；虽然双方签订的劳动合同中约定“本公司实行每周五天、每天八小时标准工时制”，但刘某作为公司高级管理人员，公司不对其进行考勤管理，其工作时间自由、灵活，综合考虑其工作岗位、履职情况等因素，故仲裁委员会采信某互联网科技公司关于刘某实行不定时工作制的主张，并对刘某要求支付加班费的请求不予支持。

仲裁委员会裁决：驳回刘某的全部仲裁请求，一审、二审判决结果与仲裁裁决结果一致。

**3. 劳动者在职期间成立同业公司，用人单位解除合同合法（北京市发布2022年度劳动人事争议仲裁典型案例）**[①]

曹某于2013年8月1日入职某汽车金融公司，岗位为部门经理，双方订立了无固定期限劳动合同。曹某签署的《员工手册》中规定：未经公司书面批准，任何员工不得兼职；如发现员工未经批准私自兼职，属于严重违反公司的规章制度，公司有权立即解除与员工的劳动合同。2018年8月31日，曹某签署《声明函》称：如本人在某汽车金融公司工作以外从事其他外部活动，可能引起利益冲突或存在其他违反某汽车金融公司《诚信行为守则》和公司政策方针情况的，本人将立即向本人上司、人力资源部或法律合规部报告。2020年9月，某汽车金融公司廉政部门调查发现，2017年2月至2020年7月期间，曹某担任案外某公司的执行董事及法定代表人，且系该公司成立时的股东，该公司的经营范围与某汽车金融公司经营范围有相同之处。2020年11月23日，某汽车金融公司以严重违反规章制度为由，与曹某解除劳动合同。曹某离职前12个月平均工资为27000元。曹某于2021年2月向劳动人事争议仲裁委员会（以下简称仲裁委员会）提出仲裁申请，要求某汽车金融公司向其支付违法解除劳动合同赔偿金。仲裁庭审中，曹某称，其只是替同学贾某代持股份，案外公司未

---

① 载北京市人民政府网，https://www.beijing.gov.cn/ywdt/gzdt/202212/t20221223_2883294.html?eqid=a40083c7000043b200000003642abeac，最后访问时间：2023年11月12日。

实际经营及获利，其代持股份行为并非兼职行为，且未对某汽车金融公司造成任何伤害，故某汽车金融公司的解除合同行为系违法解除。贾某出庭作证称，其系案外公司实际经营者，现担任法定代表人，因其之前担任法定代表人的公司被吊销了营业执照，导致其不能注册新的公司担任法定代表人，其和曹某是大学同学，相互非常信任，所以其邀请曹某担任其公司的法定代表人，当时签署了股权代持协议，是无偿的，其公司未经营过与汽车相关的业务。某汽车金融公司不认可证人证言的真实性及证明目的，称证人与曹某存在利害关系。

曹某要求某汽车金融公司支付违法解除劳动合同赔偿金432000元。仲裁委员会裁决：驳回曹某的仲裁请求，一审、二审判决结果与仲裁裁决结果一致。

本案中，曹某主张，其在职期间成立与某汽车金融公司经营范围相同的公司，不违反某汽车金融公司规章制度的规定，其应就该主张承担证明责任。虽然曹某的证人贾某出庭作证，但因两人明显具有利害关系，且无其他有力证据佐证，故贾某的证言无法被采信；曹某在签署《声明函》时，明知两公司经营范围有相同之处，为避嫌其应按照某汽车金融公司《诚信行为守则》要求如实申报，但其却故意隐瞒不报；曹某另主张其担任案外公司股东的行为并非《员工手册》中规定的兼职行为，诚然，该行为属于公司法上的行为而非劳动合同法上的兼职行为，但该行为显然比普通的兼职行为更能给某汽车金融公司造成危害。因此，“举轻明重”，曹某的行为既属于严重违反规章制度的行为，其隐瞒不报亦属于严重违反《诚信行为准则》的行为，某汽车金融公司据此解除合同具有充分的事实和制度依据，应属于合法解除，曹某的仲裁请求不应得到支持。

## 相关规定

《最高人民法院关于审理劳动争议案件适用法律问题的解释（一）》第42条

## 第七条 推举代表参加调解、仲裁或诉讼

发生劳动争议的劳动者一方在十人以上，并有共同请求的，可以推举代表参加调解、仲裁或者诉讼活动。

## 典型案例

**安某民等80人与某环境公司确认劳动关系纠纷支持起诉案（检例第125号）**①

安某民等80人自2003年起先后在南京市某环卫所（系事业单位，以下简称某环卫所）从事环卫工作。双方未订立劳动合同，也未办理社保登记、缴纳社会保险费。2012年11月，某环卫所改制转企为某环境公司。安某民等80人继续在某环境公司工作，但仍未订立劳动合同。2018年，安某民等80人多次向某环境公司提出补办社保登记手续、补缴自入职以来社会保险费等诉求未果。2020年3月16日，安某民等80人向劳动争议仲裁机构申请确认与某环境公司之间存在劳动关系。劳动争议仲裁机构以劳动者未提交与某环境公司存在劳动关系的初步证据为由未予受理。2020年3月31日，安某民等80人诉至江苏省南京市玄武区人民法院（以下简称玄武区法院），请求确认与某环境公司存在劳动关系。

劳动者要求用人单位补办社保登记、补缴社会保险费未果的，检察机关可以协助收集证据、提出支持起诉意见，支持劳动者起诉确认

---

① 最高人民检察院发布的第三十一批指导性案例，载最高人民检察院网站，https：//www. spp. gov. cn/jczdal/202112/t20211223_ 539547. shtml，最后访问时间：2023年11月12日。

劳动关系，为其办理社保登记、补缴社会保险费提供帮助。

● *相关案例索引*

**孙某宽等 78 人与某农业公司追索劳动报酬纠纷支持起诉案（检例第 124 号）**[①]

劳动报酬是进城务工人员维持生计的基本保障，用人单位未按照国家规定和劳动合同约定及时足额支付劳动报酬的，检察机关应当因案制宜，通过督促人力资源社会保障等单位履职尽责、支持起诉、移送拒不支付劳动报酬罪线索等方式保障进城务工人员获得劳动报酬。

## 第八条 三方机制

县级以上人民政府劳动行政部门会同工会和企业方面代表建立协调劳动关系三方机制，共同研究解决劳动争议的重大问题。

● *相关规定*

《中华人民共和国民事诉讼法》第 56~57 条；《最高人民法院关于适用〈中华人民共和国民事诉讼法〉的解释》第 75~80 条

## 第九条 拖欠劳动报酬等争议的行政救济

用人单位违反国家规定，拖欠或者未足额支付劳动报酬，或者拖欠工伤医疗费、经济补偿或者赔偿金的，劳动者可以向劳动行政部门投诉，劳动行政部门应当依法处理。

---

① 最高人民检察院发布的第三十一批指导性案例，载最高人民检察院网站，https://www.spp.gov.cn/jczdal/202112/t20211223_539547.shtml，最后访问时间：2023 年 11 月 12 日。

## 条文注释

这里应当指出的是，劳动争议调解组织、劳动争议仲裁委员会在受理劳动争议案件时，如果发现案件属于用人单位违反国家规定，拖欠或者未足额支付劳动报酬，或者拖欠工伤医疗费、经济补偿或者赔偿金的，可以建议劳动者直接向劳动行政部门进行投诉，由劳动行政部门进行处理，以节省劳动者维权的时间和成本，使劳动者能在一个相对短的时间内拿到被拖欠的劳动报酬、工伤医疗费、经济补偿或者赔偿金，从而解决其个人和家庭的生计等问题，但是如果劳动者对上述案件不愿意向劳动行政部门进行投诉，仍坚持走调解、仲裁等劳动争议处理程序的，劳动争议调解组织、劳动争议仲裁委员会应当依法予以受理，不能推诿。

## 相关规定

《中华人民共和国劳动合同法》第73~74条；《保障农民工工资支付条例》

# 第二章　调　　解

### 第十条　调解组织

发生劳动争议，当事人可以到下列调解组织申请调解：

（一）企业劳动争议调解委员会；

（二）依法设立的基层人民调解组织；

（三）在乡镇、街道设立的具有劳动争议调解职能的组织。

企业劳动争议调解委员会由职工代表和企业代表组成。职工代表由工会成员担任或者由全体职工推举产生，企业代表由企业负责人指定。企业劳动争议调解委员会主任由工会成员或者双方推举的人员担任。

## 条文注释

调解是一种以柔性方式化解矛盾的机制，调解解决纠纷，成本低、及时、灵活，可以促使当事人尽快取得谅解，减少双方的对立情绪，防止矛盾激化。在解决劳动争议中引入调解机制，把劳动争议解决在基层，化解在萌芽状态，使得劳动关系得以维持，有利于保护劳动者和用人单位双方的利益，有利于构建和谐劳动关系。

企业劳动争议调解委员会是企业内部解决劳动争议的机制。企业劳动争议调解委员会的组成，根据《中华人民共和国劳动法》第八十条第一款规定：“在用人单位内，可以设立劳动争议调解委员会。劳动争议调解委员会由职工代表、用人单位代表和工会代表组成。劳动争议调解委员会主任由工会代表担任。”但是，目前国有企业数量在减少，企业所有制呈多样化和复杂化，原来适用于国有企业的一些制度需要作相应调整，并且企业工会的职责是维护职工的权益，在调解组织中并不是处于中立地位，使得三方原则虚化。考虑目前企业所有制结构发生了较大变化，需要对原来企业调解委员会的组成作出相应的改变，同时为了与现行国有企业由工会主席担任劳动争议调解委员会主任的做法相衔接，本条规定了企业劳动争议调解委员会由职工代表和企业代表组成。

在乡镇、街道设立调解争议组织，是一些经济发达地区为了解决劳动争议的实际需要设立的区域性的调解组织，一般由地方政府部门或地方工会参与。目前主要有两种模式：另一种是依托乡镇劳动服务站的调解组织；一种是依托地方工会的劳动调解组织。

## 相关规定

《中华人民共和国人民调解法》；《人民调解委员会组织条例》

## 第十一条 调解员

劳动争议调解组织的调解员应当由公道正派、联系群众、热心调解工作，并具有一定法律知识、政策水平和文化水平的成年公民担任。

## 第十二条 申请调解的形式

当事人申请劳动争议调解可以书面申请，也可以口头申请。口头申请的，调解组织应当场记录申请人基本情况、申请调解的争议事项、理由和时间。

### 条文注释

本条是关于申请劳动争议调解的形式的规定。

1. 书面申请就是采取书写调解申请书的方式，提出调解申请。本法对调解申请书的内容没有作明确规定，实践中，调解申请书应当包括：（1）申请人的姓名、住址和身份证号或者其他身份证件号码以及联系方式和被申请人名称、住所以及法定代表人或者主要负责人的姓名、职务等；（2）发生争议的事实、申请人的主张和理由等。

2. 申请调解，也可以口头申请。口头申请的，调解组织应当当场记录申请人基本情况、申请调解的争议事项、理由和时间。申请人基本情况包括申请人的姓名、住址和身份证号或者其他身份证件号码以及联系方式。此外，还应当记录被申请人名称、住所以及法定代表人或者主要负责人的姓名、职务等。调解程序也有时限要求，根据本法第十四条第三款的规定，自劳动争议调解组织收到申请之日起十五日内未达成调解协议的，当事人可以依法申请仲裁。因此，口头申请需要记录申请时间，作为调解组织收到调解申请的时间依据。

## 第十三条 调解的基本原则

调解劳动争议，应当充分听取双方当事人对事实和理由的陈述，耐心疏导，帮助其达成协议。

## 第十四条 调解协议书

经调解达成协议的，应当制作调解协议书。

调解协议书由双方当事人签名或者盖章，经调解员签名并加盖调解组织印章后生效，对双方当事人具有约束力，当事人应当履行。

自劳动争议调解组织收到调解申请之日起十五日内未达成调解协议的，当事人可以依法申请仲裁。

### *条文注释*

本条是关于调解协议书和调解协议效力的规定。

1. 调解协议书是劳动争议双方达成调解的书面证明，是一项重要的法律文书。本法只对调解协议书的形式作了规定，而没有对调解协议书的内容作明确规定，从实践中看，调解协议主要应当载明争议双方达成的权利和义务的内容、履行协议的期限等。

2. 关于调解协议的效力，本条规定调解协议书由双方当事人签名或者盖章，经调解员签名并加盖调解组织印章后生效，对双方当事人具有约束力，当事人应当履行。应予注意的是，此处“约束力”的含义。考虑到调解是当事人自愿选择解决劳动争议的一种形式，调解协议是双方自愿达成的，调解协议能否得到双方的自觉履行，主要看调解协议的内容是否是双方真实意思的反映，如果调解协议反映了双方的真实意思和利益，协议内容公平合理，绝大多数情况下，协议是会得到履行的。但如果法律直接赋予调解协议具有申请人民法院强制执行的效力，调解也发挥不了很好的效果，起不到缓和矛盾的作用。因此，本法规定调解协议对双方当事人具有约束力，当事人应当履行，而没有赋予其具有直接向人民法院申请强制执行的效力。

具有下列情形之一的，人民法院不予确认调解协议效力：(1) 违反法律、行政法规强制性规定的；(2) 侵害国家利益、社会公共利益的；(3) 侵害案外人合法权益的；(4) 违背社会公序良俗的；(5) 内容不明确，无法确认的；(6) 其他不能进行司法确认的情形。

### 相关规定

《中华人民共和国人民调解法》；《最高人民法院关于人民调解协议司法确认程序的若干规定》

## 第十五条 不履行调解协议可申请仲裁

达成调解协议后，一方当事人在协议约定期限内不履行调解协议的，另一方当事人可以依法申请仲裁。

### 条文注释

本条是关于一方当事人不履行调解协议，另一方当事人可以申请仲裁的规定。

1. 本条解决的是调解与仲裁之间如何衔接的问题。根据本条的规定，调解协议对双方当事人均有约束力，对于达成的调解协议，双方都应当自觉履行。但调解协议的效力限于合同效力，不具有直接向人民法院申请强制执行的效力。因此，达成调解协议后，如果一方当事人不履行调解协议，劳动争议并没有得到解决，需要其他的争议解决机制发挥作用。根据本法的规定，仲裁是解决劳动争议的必经程序，如果一方当事人不履行调解协议，另一方当事人就可以依法申请仲裁，以便使劳动争议得以尽快解决。

2. 本条需要注意的是，达成调解协议后，一方当事人在协议约定期限内不履行调解协议的，当事人既可以原劳动争议申请仲裁，也可以调解协议向人民法院申请确认调解协议的效力。人民法院依法作出确认决定后，一方当事人拒绝履行或者未全部履行的，另一方当事人可以向作出确认决定的人民法院申请强制执行。

### 相关规定

《最高人民法院关于人民调解协议司法确认程序的若干规定》

## 第十六条 劳动者可以调解协议书申请支付令的情形

因支付拖欠劳动报酬、工伤医疗费、经济补偿或者赔偿金事项达成调解协议，用人单位在协议约定期限内不履行的，劳动者可以持调解协议书依法向人民法院申请支付令。人民法院应当依法发出支付令。

### 条文注释

本条是关于劳动者可以调解协议书向人民法院申请支付令的规定。

1. 支付令是人民法院根据债权人的申请，督促债务人履行债务的程序，是民事诉讼法规定的一种法律制度。在劳动争议解决中引入支付令制度，主要有两个目的：一是为了尽快解决劳动争议，保护劳动者的合法权益。在现实劳动争议中，大量发生的就是用人单位拖欠劳动报酬，侵犯劳动者的合法权益的现象。像劳动报酬、工伤医疗费、经济补偿或者赔偿金事项，都关系劳动者的切身利益，有的对维持劳动者的生活来说非常急迫，能够迅速解决这些争议，是对劳动者最有力的保护措施，而且这类争议一般也比较简单，标准明确，也达成了调解协议，用人单位与劳动者之间也不存在别的债务纠纷，符合现行的《中华人民共和国民事诉讼法》关于申请支付令的条件的要求，适于通过支付令的方式解决。二是为了解决调解协议的效力问题，强化调解的作用。本法明确调解协议对双方当事人有约束力，但这里的“约束力”只是劳动合同的约束力。劳动者就调解协议向法院申请支付令，用人单位如果不能提出抗辩事由的，人民法院就可以强制执行，这样就部分地解决了调解协议的效力问题。

2. 关于适用支付令的范围，本条只规定“拖欠劳动报酬、工伤医疗费、经济补偿或者赔偿金事项达成调解协议”列入可以申请支付令的范围，是因为这些事项关系劳动者的生存，对于劳动者来说都比较紧急，需要尽快解决；而且这些都是金钱给付事项，人民法院也可以强制执行。本法规定，申请支付令的依据是就拖欠劳动报酬、工伤医疗费、经济补偿或者赔偿金事项达成的调解协议。需要注意的是，根据现行的《中华人民共和国劳动合同法》第三十条第二款的规定，用人单位拖欠或者未足额支付劳动报酬的，劳动者可以依法向当地人民法院申请支付令，人民法院应当依法发出支付令，不一定需要事先达成调解协议。

## *实用问答*

**1. 问：支付令失效后应如何处理？**

**答：**本法没有对支付令失效后如何处理作出明确规定。根据《中华人民共和国民事诉讼法》第二百二十八条的规定，人民法院收到债务人提出的书面异议后，经审查，异议成立的，应当裁定终结督促程序，支付令自行失效。支付令失效的，转入诉讼程序，但申请支付令的一方当事人不同意提起诉讼的除外。

2. 问：**用人单位拖欠工资应负什么样的法律责任？**

**答：**《中华人民共和国劳动合同法》第八十五条规定，用人单位拖欠工资的，由劳动行政部门责令限期支付劳动报酬、加班费或者经济补偿；劳动报酬低于当地最低工资标准的，应当支付其差额部分；逾期不支付的，责令用人单位按应付金额百分之五十以上百分之一百以下的标准向劳动者加付赔偿金。

3. 问：**申请支付令的费用交纳标准是什么？**

**答：**依法申请支付令的，比照财产案件受理费标准的 1/3 交纳。财产案件根据诉讼请求的金额或者价额，按照下列比例分段累计交纳：(1) 不超过 1 万元的，每件交纳 50 元；(2) 超过 1 万元至 10 万元的部分，按照 2.5%交纳；(3) 超过 10 万元至 20 万元的部分，按照 2%交纳；(4) 超过 20 万元至 50 万元的部分，按照 1.5%交纳；(5) 超过 50 万元至 100 万元的部分，按照 1%交纳；(6) 超过 100 万元至 200 万元的部分，按照 0.9%交纳；(7) 超过 200 万元至 500 万元的部分，按照 0.8%交纳；(8) 超过 500 万元至 1000 万元的部分，按照 0.7%交纳；(9) 超过 1000 万元至 2000 万元的部分，按照 0.6%交纳；(10) 超过 2000 万元的部分，按照 0.5%交纳。

## *相关规定*

《中华人民共和国民事诉讼法》第 225~228 条；《保障农民工工资支付条例》；《国务院关于解决农民工问题的若干意见》；《诉讼费用交纳办法》第 13 条第 1 项、第 14 条第 3 项；《中华人民共和国劳动合同法》第 85 条；《最高人民法院关于审理劳动争议案件适用法律问题的解释（一）》第 13 条

# 第三章　仲　　裁

## 第一节　一般规定

### 第十七条　劳动争议仲裁委员会的设立

劳动争议仲裁委员会按照统筹规划、合理布局和适应实际需要的原则设立。省、自治区人民政府可以决定在市、县设立；直辖市人民政府可以决定在区、县设立。直辖市、设区的市也可以设立一个或者若干个劳动争议仲裁委员会。劳动争议仲裁委员会不按行政区划层层设立。

#### 条文注释

本条是关于劳动争议仲裁委员会的设立的规定。

1. 劳动争议仲裁委员会是指依法设立，由法律授权，依法独立对劳动争议案件进行仲裁的专门机构。劳动争议仲裁委员会是由省级人民政府依照本法的有关规定决定设立的，其设立和组成决定了其是由法律授权、代表国家行使仲裁权的国家仲裁机构。

2. 劳动争议仲裁是一种准司法的仲裁制度，其对劳动争议作出的处理结果具有法律效力。劳动争议仲裁是劳动争议处理的必经程序，当事人对仲裁裁决不服的，可以依法向人民法院提起诉讼；但对于其中一部分争议金额较小的或者违法事实简单的劳动争议，依照本法的规定，劳动者对仲裁裁决无异议的，该仲裁裁决为终局裁决。当事人对发生法律效力的调解书和裁决书应当依照法律规定的期限履行，一方当事人逾期不履行的，另一方当事人可以申请人民法院强制执行。

## 第十八条 政府的职责

国务院劳动行政部门依照本法有关规定制定仲裁规则。省、自治区、直辖市人民政府劳动行政部门对本行政区域的劳动争议仲裁工作进行指导。

● *相关规定*

《劳动人事争议仲裁组织规则》

## 第十九条 劳动争议仲裁委员会的组成与职责

劳动争议仲裁委员会由劳动行政部门代表、工会代表和企业方面代表组成。劳动争议仲裁委员会组成人员应当是单数。

劳动争议仲裁委员会依法履行下列职责：

（一）聘任、解聘专职或者兼职仲裁员；

（二）受理劳动争议案件；

（三）讨论重大或者疑难的劳动争议案件；

（四）对仲裁活动进行监督。

劳动争议仲裁委员会下设办事机构，负责办理劳动争议仲裁委员会的日常工作。

● *相关规定*

《劳动人事争议仲裁组织规则》

## 第二十条 仲裁员

劳动争议仲裁委员会应当设仲裁员名册。

仲裁员应当公道正派并符合下列条件之一：

（一）曾任审判员的；

（二）从事法律研究、教学工作并具有中级以上职称的；

（三）具有法律知识、从事人力资源管理或者工会等专业工作满五年的；

（四）律师执业满三年的。

## 实用问答

**问：对劳动争议仲裁员应如何管理监督？**

**答：**依据本法第三十四条的规定，仲裁员有下列情形之一，劳动争议仲裁委员会应当将其解聘：（1）劳动争议仲裁委员会发现其所聘任的仲裁员不符合本法第二十条规定的条件的；（2）仲裁员私自会见当事人、代理人，或者接受当事人、代理人请客送礼的；（3）仲裁员有索贿受贿、徇私舞弊、枉法裁决行为的。

## 相关规定

《中华人民共和国劳动争议调解仲裁法》第33～34条；《劳动人事争议仲裁组织规则》第21条

## 第二十一条　劳动争议仲裁案件的管辖

劳动争议仲裁委员会负责管辖本区域内发生的劳动争议。

劳动争议由劳动合同履行地或者用人单位所在地的劳动争议仲裁委员会管辖。双方当事人分别向劳动合同履行地和用人单位所在地的劳动争议仲裁委员会申请仲裁的，由劳动合同履行地的劳动争议仲裁委员会管辖。

## 实用问答

**问：如何确定一个劳动争议是否发生在本劳动仲裁委员会管辖区域范围内？**

**答：**根据本条第二款的规定，劳动争议由劳动合同履行地或者用人单位所在地的劳动争议仲裁委员会管辖。这就是说，只要发生争议的当事人一方的用人单位所在地或者发生争议的当事人之间的劳动合同的履行地是在一个劳动争议仲裁委员会的管辖范围内，则该劳动争议仲裁委员会为有管辖权的劳动争议仲裁委员会。本条第二款还进一步规定，发生劳动争议的双方当事人分别向劳动合同履行地和用人单位所在地的劳动争议仲裁委员会申请仲裁的，由劳动合同履行地的劳动争议仲裁委员会管辖。这主要是为了解决当事人就劳动争议仲裁委员会的管辖权发生争议时，如何确定劳动争议仲裁管辖的问题。根据本条的规定，发生劳动争议的劳动者和用人单位分别向劳动合同履行地和用人单位所在地的劳动争议仲裁委员会申请仲裁的，则只能由劳动合同履行地的劳动争议仲裁委员会管辖。

## 相关规定

《劳动人事争议仲裁办案规则》第八条

## 第二十二条 劳动争议仲裁案件的当事人

发生劳动争议的劳动者和用人单位为劳动争议仲裁案件的双方当事人。

劳务派遣单位或者用工单位与劳动者发生劳动争议的，劳务派遣单位和用工单位为共同当事人。

## 实用问答

**1. 问：用人单位发生变更时，当事人的资格应如何确定？**

**答：**用人单位发生变更的，应以变更后的用人单位作为被申请人。根据《最高人民法院关于审理劳动争议案件适用法律问题的解释（一）》第二十六条规定，用人单位与其他单位合并的，合并前发生的劳动争议，由合并后的单位为当事人；用人单位分立为若干单位的，其分立前发生的劳动争议，由分立后的实际用人单位为当事人。用人单位分立为若干单位后，具体承受劳动权利义务的单位不明确的，分立后的单位均为当事人。

**2. 问：用人单位发生终止的情况时，应如何确定当事人？**

**答：**用人单位终止的，应区分情况以用人单位的主管部门、开办单位或者依法成立的清算组作为被申请人。《劳动人事争议仲裁办案规则》第六条规定，发生争议的用人单位未办理营业执照、被吊销营业执照、营业执照到期继续经营、被责令关闭、被撤销以及用人单位解散、歇业，不能承担相关责任的，应当将用人单位和其出资人、开办单位或者主管部门作为共同当事人。

**3. 问：劳动者在其用人单位与其他平等主体之间的承包经营期间，与发包方和承包方双方或者一方发生劳动争议时，应如何确定当事人？**

**答：**劳动者在用人单位与其他平等主体之间的承包经营期间，与发包方和承包方双方或者一方发生劳动争议，依法提起诉讼的，应当将承包方和发包方作为当事人。《劳动人事争议仲裁办案规则》第七条规定，劳动者与个人承包经营者发生争议，依法向仲裁委员会申请仲裁的，应当将发包的组织和个人承包经营者作为共同当事人。

**4. 问：劳动者丧失劳动能力或者死亡时，应如何确定劳动争议仲裁的当事人？**

**答：**根据本法第二十五条规定，丧失或者部分丧失民事行为能力的劳动者，由其法定代理人代为参加仲裁活动；无法定代理人的，由劳动争议仲裁委员会为其指定代理人。劳动者死亡的，由其近亲属或者代理人参加仲裁活动。

**5. 问：用人单位招用尚未解除劳动合同的劳动者发生纠纷时，应如何确定劳动争议仲裁的当事人？**

**答：**《最高人民法院关于审理劳动争议案件适用法律问题的解释（一）》第二十七条规定，用人单位招用尚未解除劳动合同的劳动者，原用人单位与劳动者发生的劳动争议，可以列新的用人单位为第三人。原用人单位以新的用人单位侵权为由提起诉讼的，可以列劳动者为第三人。原用人单位以新的用人单位和劳动者共同侵权为由提起诉讼的，新的用人单位和劳动者列为共同被告。

### *相关规定*

《最高人民法院关于审理劳动争议案件适用法律问题的解释（一）》第26~31条；《中华人民共和国劳动合同法》第33~34条；《劳动人事争议仲裁办案规则》第6~7条

## 第二十三条 有利害关系的第三人

与劳动争议案件的处理结果有利害关系的第三人，可以申请参加仲裁活动或者由劳动争议仲裁委员会通知其参加仲裁活动。

## 相关规定

《中华人民共和国劳动合同法》第 91 条

## 第二十四条 委托代理人参加仲裁活动

当事人可以委托代理人参加仲裁活动。委托他人参加仲裁活动，应当向劳动争议仲裁委员会提交有委托人签名或者盖章的委托书，委托书应当载明委托事项和权限。

## 条文注释

本条是关于委托仲裁代理制度的规定。

委托仲裁代理是指受当事人的委托，代理人以被代理人的名义代为参加仲裁活动的制度。委托仲裁代理具有以下特征：(1) 代理权的发生基于当事人的意思表示，即代理权基于当事人的授权而发生，而非法律的规定或者仲裁委员会的指定。(2) 代理权限由当事人决定，而非法律规定。(3) 当事人委托他人参加仲裁活动，应当向劳动争议仲裁委员会提交委托书。

委托书应当载明委托事项和权限。当事人向劳动争议仲裁委员会提交的授权委托书应当明确委托事项和权限。根据民事诉讼法对委托代理的规定，结合代理的有关理论，委托代理人代理仲裁活动时，代为承认、放弃、变更仲裁请求，进行和解、调解的，必须有委托人的特别授权。委托仲裁代理人是根据当事人、法定代理人、法定代表人的授权委托而代为进行仲裁活动的，委托代理人只有在代理权限范围内进行的代理行为所产生的法律后果才能由被代理人承担。因此，应当在委托书中载明代理权限，是委托其代理整个仲裁活动中的一项或几项仲裁行为，还是所有的仲裁行为。

## 相关规定

《中华人民共和国民法典》第1编第7章

## 第二十五条　法定代理人、指定代理人或近亲属参加仲裁的情形

丧失或者部分丧失民事行为能力的劳动者，由其法定代理人代为参加仲裁活动；无法定代理人的，由劳动争议仲裁委员会为其指定代理人。劳动者死亡的，由其近亲属或者代理人参加仲裁活动。

## 条文注释

本条是关于法定代理和指定代理的规定。

1. 本法没有对法定仲裁代理人的范围作出直接的规定。《中华人民共和国民事诉讼法》第六十条规定："无诉讼行为能力人由他的监护人作为法定代理人代为诉讼……"《中华人民共和国民法典》第二十一条第一款规定："不能辨认自己行为的成年人为无民事行为能力人，由其法定代理人代理实施民事法律行为。"第二十八条规定："无民事行为能力或者限制民事行为能力的成年人，由下列有监护能力的人按顺序担任监护人：（一）配偶；（二）父母、子女；（三）其他近亲属；（四）其他愿意担任监护人的个人或者组织，但是须经被监护人住所地的居民委员会、村民委员会或者民政部门同意。"一般认为，在劳动争议仲裁中，丧失或者部分丧失民事行为能力的劳动者的监护人是他的法定代理人。实践中，最常见的法定仲裁代理人主要有父母、配偶、成年的兄、姐等。

2. 由于法定代理人是基于法律规定而行使代理权的人，并且法定代理人对被代理人享有亲权或者监护权，因此，法定代理人的代理权限与被代理人的权利是同等的，即法定代理人不仅享有仲裁程序中的

一般性权利，如本法第二十四条规定的委托代理人参加仲裁活动的权利，而且还可以根据自己的意愿处分被代理人的实体性权利，如承认、变更和放弃仲裁请求，进行和解或者调解等。

3. 关于劳动者死亡的情形，需要注意的是，劳动者死亡后，其生前所参加的劳动关系引发的劳动争议还未得到处理的，为保障劳动者及其家属的合法权益，由其近亲属或者代理人参加仲裁活动。这时，其近亲属或者代理人是仲裁案件的当事人。

### 相关规定

《中华人民共和国民法典》第21~28条、第175条

## 第二十六条 仲裁公开原则及例外

劳动争议仲裁公开进行，但当事人协议不公开进行或者涉及国家秘密、商业秘密和个人隐私的除外。

### 条文注释

本条是关于劳动争议仲裁公开的规定。

本法对劳动争议仲裁案件公开进行仲裁的具体程序和要求没有作出进一步规定，实践中，一些地方制定了劳动争议仲裁开庭公开审理实施办法对此作出具体规定。

本条中的国家秘密是指关系国家的安全和利益，依照法定程序确定，在一定时间内只限一定范围的人员知悉的事项。按照《中华人民共和国保守国家秘密法》第九条的规定，下列事项属于国家秘密：（1）国家事务重大决策中的秘密事项；（2）国防建设和武装力量活动中的秘密事项；（3）外交和外事活动中的秘密事项以及对外承担保密义务的秘密事项；（4）国民经济和社会发展中的秘密事项；（5）科学技术中的秘密事项；（6）维护国家安全活动和追查刑事犯

罪中的秘密事项；（7）经国家保密行政管理部门确定的其他秘密事项。国家秘密的密级分为“绝密”“机密”“秘密”三级。“绝密”是最重要的国家秘密，泄露会使国家的安全和利益遭受特别严重的损害；“机密”是重要的国家秘密，泄露会使国家的安全和利益遭受严重的损害；“秘密”是一般的国家秘密，泄露会使国家的安全和利益遭受损害。所以，为避免公开仲裁造成国家秘密泄露，给国家安全和利益造成损失，涉及国家秘密的案件不进行公开仲裁。

商业秘密，是指不为公众所知悉、能为权利人带来经济利益、具有实用性并经权利人采取保密措施的技术信息和经营信息。商业秘密一般具有以下四个基本特征：（1）秘密性。商业秘密首先必须是处于秘密状态的信息，不可能从公开的渠道获悉。即不为所有者或所有者允许知悉范围以外的其他人所知悉，不为同行业或者该信息应用领域的人所普遍知悉。（2）实用性。商业秘密必须是一种现在或者将来能够应用于生产经营或者对生产经营有用的具体的技术方案和经营策略。不能直接或间接使用于生产经营活动的信息，不具有实用性，不属于商业秘密。（3）保密性。保密性是指权利人采取保密措施，通过合理的保密手段，明示其保密意图。（4）价值性。价值性是指该商业秘密自身所蕴含的经济价值和市场竞争价值，并能达到权利人追求利益的目的。对于涉及商业秘密的内容，如果公开仲裁，造成商业秘密泄露，会对企业造成经济损失，降低其市场竞争力。经当事人提出不公开开庭的申请，对涉及商业秘密的案件不进行公开仲裁。

个人隐私是指个人不愿意为他人知晓和干预的私人生活，包括私人生活不受他人非法干扰，私人信息不受他人非法收集、公开等。规定涉及个人隐私的案件不进行公开裁决，有利于对当事人合法权益的保护，是对个人隐私权的尊重。

### 相关规定

《中华人民共和国保守国家秘密法》第9~10条；《中华人民共和国反不正当竞争法》第9条

## 第二节　申请和受理

### 第二十七条　仲裁时效

劳动争议申请仲裁的时效期间为一年。仲裁时效期间从当事人知道或者应当知道其权利被侵害之日起计算。

前款规定的仲裁时效，因当事人一方向对方当事人主张权利，或者向有关部门请求权利救济，或者对方当事人同意履行义务而中断。从中断时起，仲裁时效期间重新计算。

因不可抗力或者有其他正当理由，当事人不能在本条第一款规定的仲裁时效期间申请仲裁的，仲裁时效中止。从中止时效的原因消除之日起，仲裁时效期间继续计算。

劳动关系存续期间因拖欠劳动报酬发生争议的，劳动者申请仲裁不受本条第一款规定的仲裁时效期间的限制；但是，劳动关系终止的，应当自劳动关系终止之日起一年内提出。

### 典型案例

**加班费的仲裁时效应当如何认定**（人力资源社会保障部、最高人民法院关于联合发布第二批劳动人事争议典型案例）①

张某于2016年7月入职某建筑公司从事施工管理工作，2019年2月离职。工作期间，张某存在加班情形，但某建筑公司未支付其加班

---

① 载最高人民法院网站，https://www.court.gov.cn/zixun-xiangqing-319151.html，最后访问时间：2023年11月12日。

费。2019 年 12 月，张某向劳动人事争议仲裁委员会申请仲裁，请求裁决某建筑公司依法支付其加班费，某建筑公司以张某的请求超过仲裁时效为由抗辩。张某不服仲裁裁决，诉至人民法院。

一审法院判决：某建筑公司支付张某加班费 18120 元。张某与某建筑公司均未提起上诉，一审判决已生效。

本案中，某建筑公司主张张某加班费的请求已经超过了一年的仲裁时效，不应予以支持。人民法院认为，张某与某建筑公司的劳动合同于 2019 年 2 月解除，其支付加班费的请求应自劳动合同解除之日起一年内提出，张某于 2019 年 12 月提出仲裁申请，其请求并未超过仲裁时效。根据劳动保障监察机构在执法中调取的工资表上的考勤记录，人民法院认定张某存在加班的事实，判决某建筑公司支付张某加班费。

## 第二十八条 申请仲裁的形式

申请人申请仲裁应当提交书面仲裁申请，并按照被申请人人数提交副本。

仲裁申请书应当载明下列事项：

（一）劳动者的姓名、性别、年龄、职业、工作单位和住所，用人单位的名称、住所和法定代表人或者主要负责人的姓名、职务；

（二）仲裁请求和所根据的事实、理由；

（三）证据和证据来源、证人姓名和住所。

书写仲裁申请确有困难的，可以口头申请，由劳动争议仲裁委员会记入笔录，并告知对方当事人。

## 第二十九条 仲裁的受理与不予受理

劳动争议仲裁委员会收到仲裁申请之日起五日内，认为符合受理条件的，应当受理，并通知申请人；认为不符合受理条件的，应当书面通知申请人不予受理，并说明理由。对劳动争议仲裁委员会不予受理或者逾期未作出决定的，申请人可以就该劳动争议事项向人民法院提起诉讼。

### 条文注释

本条是关于仲裁申请的受理与不予受理的规定。

需要注意的是，根据本条规定，劳动争议仲裁委员会认为不符合受理条件的，应当书面通知申请人不予受理，并说明理由。由于申请人必须证明其已经历了申请仲裁的程序，才能向人民法院提起诉讼，因此，如果劳动争议仲裁委员会不予受理，应当书面通知申请人，并说明理由，便于申请人寻求司法救济。如果劳动争议仲裁委员会不在规定的时间内作出受理决定或者出具不予受理通知书，拖延了时间，使劳动争议双方的权利义务关系处于不确定状态，不利于劳动争议案件的处理，损害了当事人的合法权益。因此，本条规定："对劳动争议仲裁委员会不予受理或者逾期未作出决定的，申请人可以就该劳动争议事项向人民法院提起诉讼。"根据这一规定，如果劳动争议仲裁委员会不予受理或者超过五日没有向申请人出具不予受理通知书的，当事人即可以就劳动争议的内容向人民法院提起诉讼，进入诉讼程序，由人民法院审理劳动争议案件。应当注意的是，这样的规定也意味着如果劳动争议仲裁委员会既不受理，也不出具不予受理书面通知的，申请人可以直接向人民法院提起诉讼。本法没有对不予受理或者逾期未作出是否受理决定的情况下，申请人向法院提起诉讼的期间作出规定，应当理解为提起诉讼的期间适用民事诉讼时效的规定。

## 实用问答

**1. 问：劳动争议仲裁委员会以当事人申请仲裁的事项不属于劳动争议为由，作出不予受理的书面裁决、决定或者通知，当事人不服，依法向人民法院起诉的，应如何处理？**

**答：**根据《最高人民法院关于审理劳动争议案件适用法律问题的解释（一）》第六条规定，如果出现上述情况，人民法院应当分别情况予以处理：（1）属于劳动争议案件的，应当受理；（2）虽不属于劳动争议案件，但属于人民法院主管的其他案件，应当依法受理。

**2. 问：劳动争议仲裁机构以无管辖权为由对劳动争议案件不予受理，当事人不服，依法向人民法院起诉的，应如何处理？**

**答：**根据《最高人民法院关于审理劳动争议案件适用法律问题的解释（一）》第五条规定，如果出现上述情况，人民法院按照以下情形分别处理：（1）经审查认为该劳动争议仲裁机构对案件确无管辖权的，应当告知当事人向有管辖权的劳动争议仲裁机构申请仲裁；（2）经审查认为该劳动争议仲裁机构有管辖权的，应当告知当事人申请仲裁，并将审查意见书面通知该劳动争议仲裁机构；劳动争议仲裁机构仍不受理，当事人就该劳动争议事项提起诉讼的，人民法院应予受理。

**3. 问：劳动争议仲裁委员会以申请仲裁的主体不适格为由，作出不予受理的书面裁决、决定或者通知，当事人不服，依法向人民法院起诉的，应如何处理？**

**答：**根据《最高人民法院关于审理劳动争议案件适用法律问题的解释（一）》第七条规定，如果出现上述情况，人民法院应当分别情况予以处理：如果经审查，确属主体不适格的，人民法院不予受理；已经受理的，裁定驳回起诉。

## 相关规定

《最高人民法院关于审理劳动争议案件适用法律问题的解释（一）》第5~12条；《劳动人事争议仲裁办案规则》第9条

## 第三十条 被申请人答辩书

劳动争议仲裁委员会受理仲裁申请后，应当在五日内将仲裁申请书副本送达被申请人。

被申请人收到仲裁申请书副本后，应当在十日内向劳动争议仲裁委员会提交答辩书。劳动争议仲裁委员会收到答辩书后，应当在五日内将答辩书副本送达申请人。被申请人未提交答辩书的，不影响仲裁程序的进行。

## 实用问答

**问：申请人如果是口头申请仲裁的，应如何处理？**

**答：**根据本条规定，劳动争议仲裁委员会受理仲裁申请后，应当在五日内将仲裁申请书副本送达被申请人。如果申请人是口头申请仲裁的，劳动争议仲裁委员会也应在五日内将口述笔录的复制本发送被申请人，或者口头将申请人申请的内容通知被申请人。向被申请人送达仲裁申请书副本的期限从立案之次日起计算。

## 第三节　开庭和裁决

### 第三十一条　仲裁庭

劳动争议仲裁委员会裁决劳动争议案件实行仲裁庭制。仲裁庭由三名仲裁员组成，设首席仲裁员。简单劳动争议案件可以由一名仲裁员独任仲裁。

● *实用问答*

**1. 问：仲裁庭组成不合规定，应如何处理？**

**答：**根据《劳动人事争议仲裁组织规则》第十五条规定，仲裁庭组成不符合规定的，由仲裁委员会予以撤销，并重新组成仲裁庭。

**2. 问：哪些争议案件应当由三名仲裁员组成仲裁庭？**

**答：**根据《劳动人事争议仲裁组织规则》第十三条规定，处理下列争议案件应当由三名仲裁员组成仲裁庭，设首席仲裁员：（1）十人以上并有共同请求的争议案件；（2）履行集体合同发生的争议案件；（3）有重大影响或者疑难复杂的争议案件；（4）仲裁委员会认为应当由三名仲裁员组庭处理的其他争议案件。

● *相关规定*

《中华人民共和国民事诉讼法》第 40～41 条；《中华人民共和国仲裁法》第 30～32 条

### 第三十二条　通知仲裁庭的组成情况

劳动争议仲裁委员会应当在受理仲裁申请之日起五日内将仲裁庭的组成情况书面通知当事人。

## 第三十三条 回避

仲裁员有下列情形之一，应当回避，当事人也有权以口头或者书面方式提出回避申请：

（一）是本案当事人或者当事人、代理人的近亲属的；

（二）与本案有利害关系的；

（三）与本案当事人、代理人有其他关系，可能影响公正裁决的；

（四）私自会见当事人、代理人，或者接受当事人、代理人的请客送礼的。

劳动争议仲裁委员会对回避申请应当及时作出决定，并以口头或者书面方式通知当事人。

### 条文注释

本条是关于仲裁员回避制度的规定。

1. 本条需要注意的是，参照民事诉讼法、仲裁法等法律有关回避制度的规定，回避应不仅适用于组成该案件仲裁庭的仲裁员，还应适用于劳动争议仲裁委员会的成员，包括书记员、鉴定人、勘验人，以及翻译人员。

2. 本条第一款第一项中的近亲属，本法并没有列举出具体的范围；按照我国现行的刑事诉讼法的规定，近亲属是指当事人的夫、妻、父、母、子、女、同胞兄弟姐妹，夫妻双方虽无血亲关系，但是夫妻是共同生活的伴侣，是血亲关系的渊源，因此，夫妻也规定为近亲属。这里的“当事人”是指依据本法第二十二条规定，发生劳动争议的劳动者和用人单位为劳动争议仲裁案件的双方当事人，劳务派遣单位或者用工单位与劳动者发生劳动争议的，劳动派遣单位和用工单位为共同当事人。

3. 本条第一款第三项中的“其他关系”主要指以下几种情况：是当事人的朋友、亲戚、同学、同事等，或者曾经与当事人有过恩怨，与当事人有借贷关系等。“可能影响公正裁决的”是“与本案当事人、代理人有其他关系”而应当回避的必要条件，即只有在可能影响公正处理案件的情况下，才适用回避制度。如仲裁员是当事人的朋友，则要看这种关系是否会影响案件的公正审理来决定是否回避。

## 实用问答

**问：仲裁员的回避，应由谁决定？**

**答：**《劳动人事争议仲裁办案规则》第十二条规定，仲裁员、记录人员是否回避，由仲裁委员会主任或者其委托的仲裁院负责人决定。仲裁委员会主任担任案件仲裁员是否回避，由仲裁委员会决定。

在回避决定作出前，被申请回避的人员应当暂停参与该案处理，但因案件需要采取紧急措施的除外。

## 相关规定

《劳动人事争议仲裁办案规则》第 12 条；《中华人民共和国民事诉讼法》第 47～50 条；《中华人民共和国刑事诉讼法》第 29～32 条；《中华人民共和国仲裁法》第 34～38 条

## 第三十四条 仲裁员承担责任的情形

仲裁员有本法第三十三条第四项规定情形，或者有索贿受贿、徇私舞弊、枉法裁决行为的，应当依法承担法律责任。劳动争议仲裁委员会应当将其解聘。

## 实用问答

**问：仲裁员违反本条的规定，应承担怎样的法律责任？**

**答：**仲裁员私自会见当事人、代理人，或者接受当事人、代理人的请客送礼的，或者有索贿受贿、徇私舞弊、枉法裁决行为的，应当将其解聘。

根据本法以及刑法、仲裁法等有关法律的规定，目前，在我国劳动争议案件仲裁员承担的法律责任主要是刑事责任。刑法第三百九十九条之一："依法承担仲裁职责的人员，在仲裁活动中故意违背事实和法律作枉法裁决，情节严重的，处三年以下有期徒刑或者拘役；情节特别严重的，处三年以上七年以下有期徒刑。"

## 相关规定

《中华人民共和国刑法修正案（六）》第 20 条；《中华人民共和国刑法》第 399 条之一；《劳动人事争议仲裁组织规则》第 33 条

### 第三十五条　开庭通知及延期

仲裁庭应当在开庭五日前，将开庭日期、地点书面通知双方当事人。当事人有正当理由的，可以在开庭三日前请求延期开庭。是否延期，由劳动争议仲裁委员会决定。

## 条文注释

本条是关于开庭日期的规定。

1. 仲裁庭应当在开庭五日前，将开庭日期、地点书面通知双方当事人。根据"一案一庭"的原则，此时针对该案件的仲裁庭已经成立，具体承担对案件的仲裁工作。仲裁庭成员应当认真审阅申请书、答辩材料，调查、收集证据，查明争议事实。遇有需要勘验或鉴定的问题，应交由法定部门勘验或鉴定；没有法定部门的，由劳动争议仲裁委员会委托有关部门勘验或鉴定。

2. 关于延期开庭，本条规定当事人请求延期开庭的，应当有正当的理由，但本法并没有对正当的理由作出明确具体的规定。根据我国现行的《中华人民共和国民事诉讼法》第一百四十九条规定："有下列情形之一的，可以延期开庭审理：（一）必须到庭的当事人和其他诉讼参与人有正当理由没有到庭的；（二）当事人临时提出回避申请的；（三）需要通知新的证人到庭，调取新的证据，重新鉴定、勘验，或者需要补充调查的；（四）其他应当延期的情形。"参照上述规定，一般认为，在劳动争议仲裁中，正当理由主要包括以下三种情形：（1）当事人由于不可抗力的事由或其他特殊情况不能到庭的，例如当事人患重大疾病或遭受其他身体伤害影响其行使权利的；劳动者面临紧急情形，如重大自然灾害、战争等对当事人出庭行使权利形成障碍的。（2）当事人在仲裁审理中临时提出回避申请的。劳动争议仲裁委员会应当对当事人的回避申请进行审查，作出是否同意其回避申请的决定。（3）需要调取新的证据进行重新鉴定、勘验的。

3. 当事人在法定期限内提出延期开庭的请求后，并不必然会导致仲裁开庭延期进行，而是由劳动争议仲裁委员会根据对当事人的申请是否有正当理由的判断，作出是否同意延期开庭的决定。

## 第三十六条 申请人、被申请人无故不到庭或中途退庭

申请人收到书面通知，无正当理由拒不到庭或者未经仲裁庭同意中途退庭的，可以视为撤回仲裁申请。

被申请人收到书面通知，无正当理由拒不到庭或者未经仲裁庭同意中途退庭的，可以缺席裁决。

## 条文注释

本条是关于当事人无正当理由拒不到庭或者未经仲裁庭同意中途退庭如何处理的规定。

1. 视为撤回仲裁申请，是指劳动争议仲裁的申请人虽然未主动提出撤回仲裁的申请，但是，申请人出现法律规定的情形且行为已经表明其不愿意继续进行仲裁的，可以按照申请人撤回仲裁申请处理，从而终结对劳动争议案件的仲裁。根据本条的规定，申请人收到书面通知，无正当理由拒不到庭或者未经仲裁庭同意中途退庭的，可以视为申请人撤回仲裁申请。按撤回仲裁申请处理与当事人撤回仲裁申请具有同等的法律效力。此处需要注意的是，申请人收到的必须是书面的开庭通知，同时，申请人不到庭并且无正当理由，或者申请人中途退庭未经仲裁庭同意的才可视为撤回仲裁申请。否则，可能会导致延期开庭，而不是视为撤回仲裁申请。

2. 缺席裁决，是指只有一方当事人到庭参与仲裁审理时，仲裁庭仅就到庭的一方当事人进行调查，审查核实证据，听取意见，并对未到庭一方当事人提供的书面资料进行审查后，即作出仲裁裁决的仲裁活动。此处需要注意的是，被申请人必须是经仲裁庭书面通知，无正当理由不到庭或者未经仲裁庭许可中途退庭的，才可以进行缺席裁决，否则也可能会导致延期开庭。

## 相关规定

《劳动人事争议仲裁办案规则》第 39 条

## 第三十七条 鉴定

仲裁庭对专门性问题认为需要鉴定的，可以交由当事人约定的鉴定机构鉴定；当事人没有约定或者无法达成约定的，由仲裁庭指定的鉴定机构鉴定。

根据当事人的请求或者仲裁庭的要求，鉴定机构应当派鉴定人参加开庭。当事人经仲裁庭许可，可以向鉴定人提问。

### 条文注释

本条是关于劳动争议仲裁中鉴定问题的规定。

1. 所谓鉴定，就是指鉴定主体根据司法机关、仲裁机构或者当事人的申请，通过对鉴定材料的观察、比较、检验、鉴别等专业性、技术性活动，对案件涉及的专门性问题进行分析、判断，作出鉴定意见的活动。劳动争议仲裁案件经常涉及的鉴定包括劳动能力鉴定、职业病鉴定等。

2. 本条对劳动争议仲裁中的鉴定只作了原则性规定，没有规定申请鉴定的期限、申请重新鉴定的条件等内容。根据本法第十八条的规定，国务院劳动行政部门可以依照本法有关规定制定仲裁规则对此加以规定。仲裁规则没有规定的，可以参照适用民事诉讼法及其司法解释的相关规定。关于鉴定的期限，除特殊规定外，当事人应当在举证期限内提出。根据《最高人民法院关于民事诉讼证据的若干规定》第五十条和第五十一条的规定，人民法院应当在审理前的准备阶段向当事人送达举证通知书。举证通知书应当载明举证责任的分配原则和要求、可以向人民法院申请调查收集证据的情形、人民法院根据案件情况指定的举证期限以及逾期提供证据的法律后果等内容。举证期限可以由当事人协商，并经人民法院准许。人民法院指定举证期限的，适用第一审普通程序审理的案件不得少于十五日，当事人提供新的证据的第二审案件不得少于十日。适用简易程序审理的案件不得超过十五日，小额诉讼案件的举证期限一般不得超过七日。举证期限届满后，当事人提供反驳证据或者对已经提供的证据的来源、形式等方面的瑕疵进行补正的，人民法院可以酌情再次确定举证期限，该期限不受上述规定的期间限制。

3. 鉴定费的承担。根据《劳动人事争议仲裁办案规则》第四十条规定，当事人申请鉴定的，鉴定费由申请鉴定方先行垫付，案件处理终结后，由鉴定结果对其不利方负担。鉴定结果不明确的，由申请鉴定方负担。

## 相关规定

《最高人民法院关于民事诉讼证据的若干规定》第31~42条

## 第三十八条 质证和辩论

当事人在仲裁过程中有权进行质证和辩论。质证和辩论终结时，首席仲裁员或者独任仲裁员应当征询当事人的最后意见。

## 条文注释

本条是关于劳动争议仲裁中质证和辩论问题的规定。

1. 本条中的质证是指当事人在仲裁庭的主持下，对对方当事人提供的证据的真实性、关联性和合法性提出质疑，否定其证明力的活动。在质证过程中，当事人需要指出对方当事人提供的证据存在的问题，通过否定其真实性、关联性和合法性来否定其证明力。同时，针对对方提出的质疑，当事人需要作出回应，论证己方提供的证据的真实性、关联性和合法性。因此质证是通过双方的互相质疑和自我辩护，审查证据的真实性、关联性和合法性，判断其证明力，去伪存真的过程。

2. 本条需要注意的是，对书证、物证、视听资料进行质证时，当事人有权要求出示证据的原件或者原物。但有下列情况之一的除外：（1）出示原件或者原物确有困难并经仲裁庭准许出示复制件或者复制品的；（2）原件或者原物已不存在，但有证据证明复制件、复制品与原件或原物一致的。

## 实用问答

**问：质证时，当事人是否必须到庭？**

**答：**《最高人民法院关于行政诉讼证据若干问题的规定》第四十一条规定，凡是知道案件事实的人，都有出庭作证的义务。有下列情形之一的，经人民法院准许，当事人可以提交书面证言：

（一）当事人在行政程序或者庭前证据交换中对证人证言无异议的；

（二）证人因年迈体弱或者行动不便无法出庭的；

（三）证人因路途遥远、交通不便无法出庭的；

（四）证人因自然灾害等不可抗力或者其他意外事件无法出庭的；

（五）证人因其他特殊原因确实无法出庭的。

## 相关规定

《中华人民共和国民事诉讼法》第 71 条；《最高人民法院关于民事诉讼证据的若干规定》第 60~62 条

## 第三十九条 举证

当事人提供的证据经查证属实的，仲裁庭应当将其作为认定事实的根据。

劳动者无法提供由用人单位掌握管理的与仲裁请求有关的证

据，仲裁庭可以要求用人单位在指定期限内提供。用人单位在指定期限内不提供的，应当承担不利后果。

## 典型案例

**用人单位未按规章制度履行加班审批手续，能否认定劳动者加班事实**（人力资源社会保障部、最高人民法院关于联合发布第二批劳动人事争议典型案例）①

吴某于2019年12月入职某医药公司，月工资为18000元。某医药公司加班管理制度规定："加班需提交加班申请单，按程序审批。未经审批的，不认定为加班，不支付加班费。"吴某入职后，按照某医药公司安排实际执行每天早9时至晚9时，每周工作6天的工作制度。其按照某医药公司加班管理制度提交了加班申请单，但某医药公司未实际履行审批手续。2020年11月，吴某与某医药公司协商解除劳动合同，要求某医药公司支付加班费，并出具了考勤记录、与部门领导及同事的微信聊天记录、工作会议纪要等。某医药公司虽认可上述证据的真实性但以无公司审批手续为由拒绝支付。吴某向劳动人事争议仲裁委员会（以下简称仲裁委员会）申请仲裁。

仲裁委员会裁决：某医药公司支付吴某2019年12月至2020年11月加班费50000元。某医药公司不服仲裁裁决提起诉讼，一审法院判决与仲裁裁决一致，某医药公司未上诉，一审判决已生效。

本案中，吴某提交的考勤记录、与部门领导及同事的微信聊天记录、工作会议纪要等证据形成了相对完整的证据链，某医药公司亦认可上述证据的真实性。某医药公司未实际履行加班审批手续，并不影

① 载最高人民法院网站，https://www.court.gov.cn/zixun-xiangqing-319151.html，最后访问时间：2023年11月12日。

响对“用人单位安排”加班这一事实的认定。故仲裁委员会依法裁决某医药公司支付吴某加班费。

**第四十条 开庭笔录**

仲裁庭应当将开庭情况记入笔录。当事人和其他仲裁参加人认为对自己陈述的记录有遗漏或者差错的，有权申请补正。如果不予补正，应当记录该申请。

笔录由仲裁员、记录人员、当事人和其他仲裁参加人签名或者盖章。

### *条文注释*

本条是关于劳动争议仲裁开庭笔录的规定。

开庭笔录应当记明下列内容：案由；开庭时间、地点；仲裁员、记录人员姓名；当事人姓名、性别、年龄、民族、职业、住所、到庭情况；首席仲裁员或者独任仲裁员告知当事人的仲裁权利义务，以及是否申请仲裁员回避的情况；当事人陈述、证人作证、出示证据、宣读鉴定意见、宣读勘验笔录以及当事人互相质证的情况；当事人辩论的情况；当事人增加、变更、撤回仲裁请求的情况；先行调解的，应当记明调解的过程；当庭裁决的，应当记明裁决内容、当事人对裁决的声明；仲裁员、记录人员、当事人以及其他仲裁参加人的签名或者盖章，或者拒绝签名或者盖章的情况。

**第四十一条 申请仲裁后自行和解**

当事人申请劳动争议仲裁后，可以自行和解。达成和解协议的，可以撤回仲裁申请。

## 相关规定

《最高人民法院关于人民法院民事调解工作若干问题的规定》第2条

## 第四十二条 先行调解

仲裁庭在作出裁决前，应当先行调解。

调解达成协议的，仲裁庭应当制作调解书。

调解书应当写明仲裁请求和当事人协议的结果。调解书由仲裁员签名，加盖劳动争议仲裁委员会印章，送达双方当事人。调解书经双方当事人签收后，发生法律效力。

调解不成或者调解书送达前，一方当事人反悔的，仲裁庭应当及时作出裁决。

## 条文注释

本条是关于在仲裁程序中进行调解的规定。

1. 调解在劳动争议仲裁中是法定的、必需的，法律明确规定了“仲裁庭在作出裁决前，应当先行调解”。

2. 调解书是指仲裁庭制作的记载对当事人劳动争议进行调解的过程和结果的具有约束力的法律文书，是经双方当事人协商并经仲裁庭批准的协议。与裁决书一经作出就发生法律效力不同，调解书不是作出后马上生效，而是要由双方当事人签收后才生效。

## 实用问答

**问：仲裁调解书在签收之前当事人反悔的，应如何处理？**

**答：**《最高人民法院关于审理劳动争议案件适用法律问题的解释（一）》第十一条规定，劳动争议仲裁机构作出的调解书已经发生法律效力，一方当事人反悔提起诉讼的，人民法院不予受理；已经受理的，裁定驳回起诉。

### 相关规定

《最高人民法院关于审理劳动争议案件适用法律问题的解释（一）》第11条；《劳动人事争议仲裁办案规则》第68~73条

## 第四十三条　仲裁案件审理期限和先行裁决

仲裁庭裁决劳动争议案件，应当自劳动争议仲裁委员会受理仲裁申请之日起四十五日内结束。案情复杂需要延期的，经劳动争议仲裁委员会主任批准，可以延期并书面通知当事人，但是延长期限不得超过十五日。逾期未作出仲裁裁决的，当事人可以就该劳动争议事项向人民法院提起诉讼。

仲裁庭裁决劳动争议案件时，其中一部分事实已经清楚，可以就该部分先行裁决。

### 条文注释

本条是关于仲裁庭裁决劳动争议案件审理期限和先行裁决的规定。

1. 本条第一款规定中，仲裁庭逾期未作出仲裁裁决的，当事人可以向人民法院提起诉讼。“逾期”中的期限，可以根据是否需要延期区分为两种情况：对于案情不复杂、不需要延期的，这里的期限为四十五日；对于案情复杂需要延期并经劳动争议仲裁委员会主任批准的，期限为六十日。仲裁庭逾期未作出仲裁裁决的，当事人可以向人民法院提起诉讼，有利于防止案件在仲裁阶段久拖不决，也有利于更好地维护当事人的合法权益。

2. 先行裁决是通过行使部分裁决权作出的裁决，从性质上来说与最终裁决具有同样的法律效力。因此，仲裁庭在仲裁程序中已经作出的部分裁决即约束其在以后的裁决中不得对该已作出的裁决部分的结果进行变更。先行裁决是在仲裁权行使过程中先行作出的，因此，在对争议事项作最后裁决时，也不得对在部分裁决中的事项再进行裁决。另外需要注意的是，先行裁决与最后裁决的内容不能相互矛盾，而应保持一致。先行裁决不同于中间裁决。中间裁决通常是指有关程序问题和证据问题的裁决，这些问题通常是通过程序命令或指令的形式加以处理，以确立当事人所遵循的程序，严格说来，这些程序命令或指令还不属裁决范畴，它不能等同于最后裁决，也不可能由法院宣布其是可执行的。但不管是中间裁决还是部分裁决，其效力是一样的。

### 相关规定

《最高人民法院关于审理劳动争议案件适用法律问题的解释（一）》第 1 条

## 第四十四条 可以裁决先予执行的案件

仲裁庭对追索劳动报酬、工伤医疗费、经济补偿或者赔偿金的案件，根据当事人的申请，可以裁决先予执行，移送人民法院执行。

仲裁庭裁决先予执行的，应当符合下列条件：

（一）当事人之间权利义务关系明确；

（二）不先予执行将严重影响申请人的生活。

劳动者申请先予执行的，可以不提供担保。

## 条文注释

本条是关于先予执行的适用情形的规定。

仲裁庭不能直接采取先予执行措施，但仲裁庭可以裁决先予执行，移送人民法院执行。本法所规定的先予执行，在此需要注意以下两点：(1) 仅对特定类型案件可以申请先予执行。这些特定类型案件是指追索劳动报酬、工伤医疗费、经济补偿或者赔偿金的案件。其他类型的案件不适用先予执行。(2) 必须根据当事人的申请。只有当事人申请，仲裁庭才能作出先予执行的裁决。如果当事人不申请，仲裁庭不能主动作出先予执行的裁决。

## 相关规定

《中华人民共和国民事诉讼法》第 109、110 条；《最高人民法院关于审理劳动争议案件适用法律问题的解释（一）》第 10 条；《劳动人事争议仲裁办案规则》第 51 条

## 第四十五条 作出裁决意见

裁决应当按照多数仲裁员的意见作出，少数仲裁员的不同意见应当记入笔录。仲裁庭不能形成多数意见时，裁决应当按照首席仲裁员的意见作出。

## 第四十六条 裁决书

裁决书应当载明仲裁请求、争议事实、裁决理由、裁决结果和裁决日期。裁决书由仲裁员签名，加盖劳动争议仲裁委员会印章。对裁决持不同意见的仲裁员，可以签名，也可以不签名。

## 条文注释

本条是关于裁决书内容和形式的规定。

裁决书的内容是指对仲裁案件程序事项和实体事项所作决定的书面陈述。仲裁庭行使裁决权的结果是作出仲裁裁决。需要注意的是，本条规定只是列明了仲裁裁决书的主要内容，作为一份完整的仲裁裁决书，还应写明仲裁机构的名称和地址、裁决书的编号、双方当事人的基本情况、代理人的情况、仲裁庭组成情况、仲裁员姓名、审理过程等。

关于仲裁员签名的规定，仲裁裁决书由仲裁员签名，加盖劳动争议仲裁委员会的印章，这就意味着仲裁庭虽然是案件的具体审理者，但裁决却不能以仲裁庭的名义作出，而是统一以劳动争议仲裁委员会的名义作出。对裁决持不同意见的仲裁员，可以签名，也可以不签名。这是因为仲裁庭虽然是一个统一的集体，但每个仲裁员又有其独立的仲裁人格。签名或不签名，实际上是持不同意见的仲裁员在“保持对外一致”与“维护自己独立仲裁人格”两者之间进行选择的结果。但应注意的是，一旦有仲裁员不签名，仲裁庭就应在仲裁裁决书中对这一情况作适当的说明，以此证明该仲裁员参加了审理工作。

## 相关规定

《中华人民共和国仲裁法》第 54 条；《劳动人事争议仲裁办案规则》第 52 条

## 第四十七条 一裁终局的案件

下列劳动争议，除本法另有规定的外，仲裁裁决为终局裁决，裁决书自作出之日起发生法律效力：

（一）追索劳动报酬、工伤医疗费、经济补偿或者赔偿金，不超过当地月最低工资标准十二个月金额的争议；

（二）因执行国家的劳动标准在工作时间、休息休假、社会保险等方面发生的争议。

## 典型案例

**1. 劳动者拒绝违法超时加班安排，用人单位能否解除劳动合同（人力资源社会保障部、最高人民法院关于联合发布第二批劳动人事争议典型案例）**①

张某于2020年6月入职某快递公司，双方订立的劳动合同约定试用期为3个月，试用期月工资为8000元，工作时间执行某快递公司规章制度相关规定：工作时间为早9时至晚9时，每周工作6天。两个月后，张某以工作时间严重超过法律规定上限为由拒绝超时加班安排，某快递公司即以张某在试用期间被证明不符合录用条件为由与其解除劳动合同。张某向劳动人事争议仲裁委员会（以下简称仲裁委员会）申请仲裁。

仲裁委员会裁决：某快递公司支付张某违法解除劳动合同赔偿金8000元（裁决为终局裁决）。仲裁委员会将案件情况通报劳动保障监察机构，劳动保障监察机构对某快递公司规章制度违反法律、法规规定的情形责令其改正，给予警告。

---

① 载最高人民法院网站，https：//www.court.gov.cn/zixun-xiangqing-319151.html，最后访问时间：2023年11月12日。

**2. 用人单位未与劳动者协商一致增加工作任务，劳动者是否有权拒绝（人力资源社会保障部、最高人民法院关于联合发布第二批劳动人事争议典型案例）**[①]

张某于2018年9月入职某报刊公司从事投递员工作，每天工作6小时，每周工作6天，月工资3500元。2020年6月，因同区域另外一名投递员离职，某报刊公司在未与张某协商的情况下，安排其在第三季度承担该投递员的工作任务。张某认为，要完成加倍的工作量，其每天工作时间至少需延长4个小时，故拒绝上述安排。某报刊公司依据员工奖惩制度，以张某不服从工作安排为由与其解除劳动合同。张某向劳动人事争议仲裁委员会（以下简称仲裁委员会）申请仲裁。

仲裁委员会裁决：某报刊公司支付张某违法解除劳动合同赔偿金14000元（裁决为终局裁决）。

《中华人民共和国劳动合同法》第三十一条规定："用人单位应当严格执行劳动定额标准，不得强迫或者变相强迫劳动者加班。"第三十五条规定："用人单位与劳动者协商一致，可以变更劳动合同约定的内容。"劳动合同是明确用人单位和劳动者权利义务的书面协议，未经变更，双方均应严格按照约定履行，特别是涉及工作时间等劳动定额标准的内容。

本案中，某报刊公司超出合理限度大幅增加张某的工作任务，应视为变更劳动合同约定的内容，违反了关于"协商一致"变更劳动合同的法律规定，已构成变相强迫劳动者加班。因此，张某有权依法拒绝上述安排。某报刊公司以张某不服从工作安排为由与其解除劳动合同不符合法律规定。故仲裁委员会依法裁决某报刊公司支付张某违法

① 载最高人民法院网站，https：//www.court.gov.cn/zixun-xiangqing-319151.html，最后访问时间：2023年11月12日。

解除劳动合同赔偿金。

**3. 用人单位与劳动者约定实行包薪制，是否需要依法支付加班费（人力资源社会保障部、最高人民法院关于联合发布第二批劳动人事争议典型案例）**[①]

周某于2020年7月入职某汽车服务公司，双方订立的劳动合同约定月工资为4000元（含加班费）。2021年2月，周某因个人原因提出解除劳动合同，并认为即使按照当地最低工资标准认定其法定标准工作时间工资，某汽车服务公司亦未足额支付加班费，要求支付差额。某汽车服务公司认可周某加班事实，但以劳动合同中约定的月工资中已含加班费为由拒绝支付。周某向劳动人事争议仲裁委员会（以下简称仲裁委员会）申请仲裁。

仲裁委员会裁决：某汽车服务公司支付周某加班费差额17000元（裁决为终局裁决），并就有关问题向某汽车服务公司发出仲裁建议书。

《中华人民共和国劳动法》第四十七条规定："用人单位根据本单位的生产经营特点和经济效益，依法自主确定本单位的工资分配方式和工资水平。"第四十八条规定："国家实行最低工资保障制度。"《最低工资规定》（劳动和社会保障部令第21号）第三条规定："本规定所称最低工资标准，是指劳动者在法定工作时间或依法签订的劳动合同约定的工作时间内提供了正常劳动的前提下，用人单位依法应支付的最低劳动报酬。"从上述条款可知，用人单位可以依法自主确定本单位的工资分配方式和工资水平，并与劳动者进行相应约定，但不得违反法律关于最低工资保障、加班费支付标准的规定。

本案中，根据周某实际工作时间折算，即使按照当地最低工资标准

---

① 载最高人民法院网站，https：//www. court. gov. cn/zixun-xiangqing-319151. html，最后访问时间：2023年11月12日。

认定周某法定标准工作时间工资，并以此为基数核算加班费，也超出了4000元的约定工资，表明某汽车服务公司未依法足额支付周某加班费。故仲裁委员会依法裁决某汽车服务公司支付周某加班费差额。

## 第四十八条 劳动者不服一裁终局案件的裁决提起诉讼的期限

劳动者对本法第四十七条规定的仲裁裁决不服的，可以自收到仲裁裁决书之日起十五日内向人民法院提起诉讼。

### 条文注释

本条是关于劳动者对一裁终局的仲裁裁决不服的，可以向法院提起诉讼的规定。此处需要注意的是：（1）诉讼申请人只能是劳动者，用人单位不能直接提起诉讼。（2）本条对劳动者提起诉讼没有法定条件的限制，只规定了劳动者对本法第四十七条规定的仲裁裁决不服的，可以提起诉讼。劳动者对诉与不诉有选择权。劳动者认为仲裁裁决对其有利，可以选择仲裁生效；劳动者认为仲裁裁决对其不利，可以继续提起诉讼。（3）本条规定的诉讼期间是自收到仲裁裁决书之日起十五日内。

### 相关规定

《中华人民共和国劳动法》第79条；《最高人民法院关于审理劳动争议案件适用法律问题的解释（一）》第21条

## 第四十九条 用人单位不服一裁终局案件的裁决可诉请撤销的条件

用人单位有证据证明本法第四十七条规定的仲裁裁决有下列情形之一，可以自收到仲裁裁决书之日起三十日内向劳动争议仲裁委员会所在地的中级人民法院申请撤销裁决：

（一）适用法律、法规确有错误的；

（二）劳动争议仲裁委员会无管辖权的；

（三）违反法定程序的；

（四）裁决所根据的证据是伪造的；

（五）对方当事人隐瞒了足以影响公正裁决的证据的；

（六）仲裁员在仲裁该案时有索贿受贿、徇私舞弊、枉法裁决行为的。

人民法院经组成合议庭审查核实裁决有前款规定情形之一的，应当裁定撤销。

仲裁裁决被人民法院裁定撤销的，当事人可以自收到裁定书之日起十五日内就该劳动争议事项向人民法院提起诉讼。

## 条文注释

本条是关于用人单位可以向人民法院申请撤销仲裁裁决的规定。

申请撤销裁决有以下特点：（1）撤销裁决的申请人是用人单位。劳动者的救济途径与用人单位不同，根据本法第四十八条的规定，劳动者的救济途径是本法第四十七条规定的对仲裁裁决不服的，可以向法院提起诉讼，而非申请撤销裁决；反之，用人单位只能申请撤销裁决，而不能直接提起诉讼。（2）申请撤销的是已经生效的裁决。（3）申请撤销裁决，不影响用人单位对仲裁裁决的履行。法院作出撤销裁定之前，仲裁裁决仍然有效。

本条第一款中的“适用法律、法规确有错误”，主要是指以下四种情形：（1）适用法律、行政法规、地方性法规错误的。这里并不包括法律法规以外的其他规范性文件。（2）适用已失效或尚未生效的法律法规的。（3）援引法条错误的。（4）违反法律关于溯及力规定的。

根据本法第二十一条的规定，劳动争议仲裁委员会负责管辖本区域内发生的劳动争议。劳动争议由劳动合同履行地或者用人单位所在地的劳动争议仲裁委员会管辖。双方当事人分别向劳动合同履行地或者用人单位所在地的劳动争议仲裁委员会申请仲裁的，由劳动合同履行地的劳动争议仲裁委员会管辖。如果劳动争议不符合上述条件，则属于劳动争议仲裁委员会无管辖权的情况。

违反法定程序，主要是指以下四种情况：（1）仲裁组织的组成不合法的；（2）违反了有关回避规定的；（3）违反了有关期间规定的；（4）违反审理程序的等。

裁决所根据的证据是伪造的，即伪造证据，是指制造虚假的证据，对证据内容进行篡改，使其与真实不符。如制造虚假的书证、物证、鉴定意见，等等。

对方当事人隐瞒了足以影响公正裁决的证据。所谓“足以影响公正裁决的证据”包括证明案件基本事实的证据、证明主体之间权利义务关系的证据等。

### *相关规定*

《中华人民共和国劳动争议调解仲裁法》第 47 条；《最高人民法院关于审理劳动争议案件适用法律问题的解释（一）》第 22 条

## 第五十条 其他不服仲裁裁决提起诉讼的期限

当事人对本法第四十七条规定以外的其他劳动争议案件的仲裁裁决不服的，可以自收到仲裁裁决书之日起十五日内向人民法院提起诉讼；期满不起诉的，裁决书发生法律效力。

## 条文注释

本条是关于当事人可以对一裁终局以外的其他劳动争议仲裁案件提起诉讼的规定。

一裁终局以外的其他劳动争议是指，除了本法第四十七条规定的劳动争议以外的、本法第二条规定的劳动争议。

对一裁终局以外的其他劳动争议，当事人不愿协商、协商不成或者达成和解协议后不履行的，可以向调解组织申请调解；不愿调解、调解不成或者达成调解协议后不履行的，可以向劳动争议仲裁委员会申请仲裁；对仲裁裁决不服的，可以向人民法院提起诉讼。即采用“一调一裁两审，仲裁前置”的模式。

### 第五十一条 生效调解书、裁决书的执行

当事人对发生法律效力的调解书、裁决书，应当依照规定的期限履行。一方当事人逾期不履行的，另一方当事人可以依照民事诉讼法的有关规定向人民法院申请执行。受理申请的人民法院应当依法执行。

## 实用问答

**1. 问：什么情况下，人民法院可以裁定不予执行劳动争议仲裁机构作出的发生法律效力的裁决书、调解书？**

**答：**当事人申请人民法院执行劳动争议仲裁机构作出的发生法律效力的裁决书、调解书，被申请人提出证据证明劳动争议仲裁裁决书、调解书有下列情形之一，并经审查核实的，人民法院可以根据《中华人民共和国民事诉讼法》第二百四十八条规定，裁定不予执行：

被申请人提出证据证明仲裁裁决有下列情形之一的，经人民法院组成合议庭审查核实，裁定不予执行：（1）当事人在合同中没有订有

仲裁条款或者事后没有达成书面仲裁协议的；(2) 裁决的事项不属于仲裁协议的范围或者仲裁机构无权仲裁的；(3) 仲裁庭的组成或者仲裁的程序违反法定程序的；(4) 裁决所根据的证据是伪造的；(5) 对方当事人向仲裁机构隐瞒了足以影响公正裁决的证据的；(6) 仲裁员在仲裁该案时有贪污受贿，徇私舞弊，枉法裁决行为的。人民法院认定执行该裁决违背社会公共利益的，裁定不予执行。裁定书应当送达双方当事人和仲裁机构。仲裁裁决被人民法院裁定不予执行的，当事人可以根据双方达成的书面仲裁协议重新申请仲裁，也可以向人民法院起诉。

**2. 问：当事人、利害关系人认为执行行为违反法律规定的，可以采取什么补救措施？**

**答：**根据《中华人民共和国民事诉讼法》第二百三十六条规定，当事人、利害关系人认为执行行为违反法律规定的，可以向负责执行的法院提出书面异议。当事人、利害关系人提出书面异议的，法院应当自收到书面异议之日起十五日内审查，理由成立的，裁定撤销或者改正；理由不成立的，裁定驳回。当事人、利害关系人对裁定不服的，可以自裁定送达之日起十日内向上一级法院申请复议。

### *相关规定*

《中华人民共和国民事诉讼法》第 3 编；《最高人民法院关于审理劳动争议案件适用法律问题的解释（一）》第 24 条

# 第四章　附　　则

## 第五十二条　人事争议处理的法律适用

事业单位实行聘用制的工作人员与本单位发生劳动争议的，依照本法执行；法律、行政法规或者国务院另有规定的，依照其规定。

### 实用问答

**问：哪些人事争议可以申请人事仲裁？**

**答：**根据《人事争议处理规定》第二条的规定，下列人事争议可以申请人事仲裁：（1）实施公务员法的机关与聘任制公务员之间、参照《中华人民共和国公务员法》管理的机关（单位）与聘任工作人员之间因履行聘任合同发生的争议。（2）事业单位与工作人员之间因解除人事关系、履行聘用合同发生的争议。（3）社团组织与工作人员之间因解除人事关系、履行聘用合同发生的争议。（4）军队聘用单位与文职人员之间因履行聘用合同发生的争议。（5）依照法律、法规规定可以仲裁的其他人事争议。

### 典型案例

**违约金发生争议不应影响事业单位职工办理离职手续**（北京市发布 2022 年度劳动人事争议仲裁典型案例）①

某大学附属中学系事业单位法人。姚某系在编人员，于 2016 年 11 月 1 日与某大学附属中学订立聘用合同，约定姚某担任物理教师，

---

① 载北京市人民政府网，https：//www. beijing. gov. cn/ywdt/gzdt/202212/t20221223_ 2883294. html？eqid=a40083c7000043b200000003642abeac，最后访问时间：2023 年 11 月 12 日。

合同期限为2016年11月1日至2021年10月31日。该聘用合同第十五条约定："乙方（指姚某，下同）在下列情形下可随时单方面解除聘用合同：在试用期内；甲方（指某大学附属中学，下同）未履行合同约定的义务；5年服务期满后考入普通高等院校的；5年服务期满后被录用或者选调到国家机关工作；依法服兵役。"第十六条约定："乙方提出解除本合同，应提前30日以书面形式通知甲方。乙方未能与甲方协商一致的，乙方应当坚持正常工作，继续履行本合同；6个月后乙方再次提出解除本合同仍未能与甲方协商一致的，乙方即可单方面解除本合同，并按照约定承担违约责任。"双方另订立《补充协议》，其中第一条约定："因乙方个人辞职、调动、开除、出国留学等原因提前解除聘用合同时，按服务期剩余年限（不足1年按1年计算），每年人民币4万元整向甲方支付违约赔偿金。"2019年3月5日，姚某以个人原因为由向某大学附属中学提出辞职未果。2019年9月5日，姚某再次以个人原因为由向某大学附属中学提出辞职。某大学附属中学要求姚某按照聘用合同约定支付120000元违约金。姚某认为，虽然双方约定的服务期为5年，其实际入职日期为2016年7月1日，其服务期应从入职之日而非订立聘用合同之日起算，其已服务满3年，故只同意支付80000元违约金，双方因此发生争议。某大学附属中学据此拒绝为姚某办理档案转移手续，姚某也未能如期入职新单位。2020年7月8日，某大学附属中学向劳动人事争议仲裁委员会（以下简称仲裁委员会）提出仲裁申请，姚某随即提出仲裁反申请。

《事业单位人事管理条例》第十七条规定："事业单位工作人员提前30日书面通知事业单位，可以解除聘用合同。但是，双方对解除聘用合同另有约定的除外。"《北京市事业单位聘用合同制试行办法》（京政办发〔2002〕50号）第四十三条规定："属于下列情形之一的要承担违约责任：（一）任何一方违反聘用合同规定的；（二）聘用合同未到期，又不符合解除条件，单方面解除聘用合同的；（三）由于聘用单位原因订立无效或部分无效聘用合同的。违约金数额由双方当事人在聘用合同中自行约定，在聘用合同中未约定，但造成可计算经济损失的，由责任人按实际损失承担经济赔偿责任。”

仲裁委员会查明姚某入职时间为2016年7月1日，服务期限已满3年，故裁决姚某向某大学附属中学支付违约金80000元，某大学附属中学十日内为姚某办理档案转移手续。裁决书送达后，双方当事人均服裁息诉。

### *相关规定*

《中华人民共和国公务员法》第2条；《中华人民共和国劳动合同法》第96条；《事业单位人事管理条例》第37条；《人事争议处理规定》

## 第五十三条 劳动争议仲裁不收费

劳动争议仲裁不收费。劳动争议仲裁委员会的经费由财政予以保障。

## 第五十四条 实施日期

本法自2008年5月1日起施行。

# 附录一

## 中华人民共和国劳动法

（1994 年 7 月 5 日第八届全国人民代表大会常务委员会第八次会议通过　根据 2009 年 8 月 27 日第十一届全国人民代表大会常务委员会第十次会议《关于修改部分法律的决定》第一次修正　根据 2018 年 12 月 29 日第十三届全国人民代表大会常务委员会第七次会议《关于修改〈中华人民共和国劳动法〉等七部法律的决定》第二次修正）

### 目　　录

## 第一章　总　　则

**第一条**　为了保护劳动者的合法权益，调整劳动关系，建立和维护适应社会主义市场经济的劳动制度，促进经济发展和社会进步，根据宪法，制定本法。

**第二条**　在中华人民共和国境内的企业、个体经济组织（以下统称用人单位）和与之形成劳动关系的劳动者，适用本法。

国家机关、事业组织、社会团体和与之建立劳动合同关系的劳动者，依照本法执行。

**第三条**　劳动者享有平等就业和选择职业的权利、取得劳动报酬的权利、休息休假的权利、获得劳动安全卫生保护的权利、接受职业技能培训的权利、享受社会保险和福利的权利、提请劳动争议处理的权利以及法律规定的其他劳动权利。

劳动者应当完成劳动任务，提高职业技能，执行劳动安全卫生规程，遵守劳动纪律和职业道德。

**第四条**　用人单位应当依法建立和完善规章制度，保障劳动者享有劳动权利和履行劳动义务。

**第五条**　国家采取各种措施，促进劳动就业，发展职业教育，制定劳动标准，调节社会收入，完善社会保险，协调劳动关系，逐步提高劳动者的生活水平。

**第六条**　国家提倡劳动者参加社会义务劳动，开展劳动竞赛和合理化建议活动，鼓励和保护劳动者进行科学研究、技术革新和发明创造，表彰和奖励劳动模范和先进工作者。

**第七条** 劳动者有权依法参加和组织工会。

工会代表和维护劳动者的合法权益，依法独立自主地开展活动。

**第八条** 劳动者依照法律规定，通过职工大会、职工代表大会或者其他形式，参与民主管理或者就保护劳动者合法权益与用人单位进行平等协商。

**第九条** 国务院劳动行政部门主管全国劳动工作。

县级以上地方人民政府劳动行政部门主管本行政区域内的劳动工作。

## 第二章 促进就业

**第十条** 国家通过促进经济和社会发展，创造就业条件，扩大就业机会。

国家鼓励企业、事业组织、社会团体在法律、行政法规规定的范围内兴办产业或者拓展经营，增加就业。

国家支持劳动者自愿组织起来就业和从事个体经营实现就业。

**第十一条** 地方各级人民政府应当采取措施，发展多种类型的职业介绍机构，提供就业服务。

**第十二条** 劳动者就业，不因民族、种族、性别、宗教信仰不同而受歧视。

**第十三条** 妇女享有与男子平等的就业权利。在录用职工时，除国家规定的不适合妇女的工种或者岗位外，不得以性别为由拒绝录用妇女或者提高对妇女的录用标准。

**第十四条** 残疾人、少数民族人员、退出现役的军人的就业，法律、法规有特别规定的，从其规定。

**第十五条** 禁止用人单位招用未满十六周岁的未成年人。

文艺、体育和特种工艺单位招用未满十六周岁的未成年人，必须遵守国家有关规定，并保障其接受义务教育的权利。

## 第三章　劳动合同和集体合同

**第十六条**　劳动合同是劳动者与用人单位确立劳动关系、明确双方权利和义务的协议。

建立劳动关系应当订立劳动合同。

**第十七条**　订立和变更劳动合同，应当遵循平等自愿、协商一致的原则，不得违反法律、行政法规的规定。

劳动合同依法订立即具有法律约束力，当事人必须履行劳动合同规定的义务。

**第十八条**　下列劳动合同无效：

（一）违反法律、行政法规的劳动合同；

（二）采取欺诈、威胁等手段订立的劳动合同。

无效的劳动合同，从订立的时候起，就没有法律约束力。确认劳动合同部分无效的，如果不影响其余部分的效力，其余部分仍然有效。

劳动合同的无效，由劳动争议仲裁委员会或者人民法院确认。

**第十九条**　劳动合同应当以书面形式订立，并具备以下条款：

（一）劳动合同期限；

（二）工作内容；

（三）劳动保护和劳动条件；

（四）劳动报酬；

（五）劳动纪律；

（六）劳动合同终止的条件；

（七）违反劳动合同的责任。

劳动合同除前款规定的必备条款外，当事人可以协商约定其他内容。

**第二十条** 劳动合同的期限分为有固定期限、无固定期限和以完成一定的工作为期限。

劳动者在同一用人单位连续工作满十年以上，当事人双方同意续延劳动合同的，如果劳动者提出订立无固定期限的劳动合同，应当订立无固定期限的劳动合同。

**第二十一条** 劳动合同可以约定试用期。试用期最长不得超过六个月。

**第二十二条** 劳动合同当事人可以在劳动合同中约定保守用人单位商业秘密的有关事项。

**第二十三条** 劳动合同期满或者当事人约定的劳动合同终止条件出现，劳动合同即行终止。

**第二十四条** 经劳动合同当事人协商一致，劳动合同可以解除。

**第二十五条** 劳动者有下列情形之一的，用人单位可以解除劳动合同：

（一）在试用期间被证明不符合录用条件的；

（二）严重违反劳动纪律或者用人单位规章制度的；

（三）严重失职，营私舞弊，对用人单位利益造成重大损害的；

（四）被依法追究刑事责任的。

**第二十六条** 有下列情形之一的，用人单位可以解除劳动合同，但是应当提前三十日以书面形式通知劳动者本人：

（一）劳动者患病或者非因工负伤，医疗期满后，不能从事原工作也不能从事由用人单位另行安排的工作的；

（二）劳动者不能胜任工作，经过培训或者调整工作岗位，仍不能胜任工作的；

（三）劳动合同订立时所依据的客观情况发生重大变化，致使原劳动合同无法履行，经当事人协商不能就变更劳动合同达成协议的。

**第二十七条** 用人单位濒临破产进行法定整顿期间或者生产经营状况发生严重困难，确需裁减人员的，应当提前三十日向工会或者全体职工说明情况，听取工会或者职工的意见，经向劳动行政部门报告后，可以裁减人员。

用人单位依据本条规定裁减人员，在六个月内录用人员的，应当优先录用被裁减的人员。

**第二十八条** 用人单位依据本法第二十四条、第二十六条、第二十七条的规定解除劳动合同的，应当依照国家有关规定给予经济补偿。

**第二十九条** 劳动者有下列情形之一的，用人单位不得依据本法第二十六条、第二十七条的规定解除劳动合同：

（一）患职业病或者因工负伤并被确认丧失或者部分丧失劳动能力的；

（二）患病或者负伤，在规定的医疗期内的；

（三）女职工在孕期、产期、哺乳期内的；

（四）法律、行政法规规定的其他情形。

**第三十条** 用人单位解除劳动合同，工会认为不适当的，有权提出意见。如果用人单位违反法律、法规或者劳动合同，工会有权要求重新处理；劳动者申请仲裁或者提起诉讼的，工会应当依法给予支持和帮助。

**第三十一条** 劳动者解除劳动合同，应当提前三十日以书面形式通知用人单位。

**第三十二条** 有下列情形之一的，劳动者可以随时通知用人单位解除劳动合同：

（一）在试用期内的；

（二）用人单位以暴力、威胁或者非法限制人身自由的手段强迫劳动的；

（三）用人单位未按照劳动合同约定支付劳动报酬或者提供劳动条件的。

**第三十三条** 企业职工一方与企业可以就劳动报酬、工作时间、休息休假、劳动安全卫生、保险福利等事项，签订集体合同。集体合同草案应当提交职工代表大会或者全体职工讨论通过。

集体合同由工会代表职工与企业签订；没有建立工会的企业，由职工推举的代表与企业签订。

**第三十四条** 集体合同签订后应当报送劳动行政部门；劳动行政部门自收到集体合同文本之日起十五日内未提出异议的，集体合同即行生效。

**第三十五条** 依法签订的集体合同对企业和企业全体职工具有约束力。职工个人与企业订立的劳动合同中劳动条件和劳动报酬等标准不得低于集体合同的规定。

## 第四章 工作时间和休息休假

**第三十六条** 国家实行劳动者每日工作时间不超过八小时、平均每周工作时间不超过四十四小时的工时制度。

**第三十七条** 对实行计件工作的劳动者，用人单位应当根据本法第三十六条规定的工时制度合理确定其劳动定额和计件报酬标准。

**第三十八条** 用人单位应当保证劳动者每周至少休息一日。

**第三十九条** 企业因生产特点不能实行本法第三十六条、第三十八条规定的，经劳动行政部门批准，可以实行其他工作和休息办法。

**第四十条** 用人单位在下列节日期间应当依法安排劳动者休假：

（一）元旦；

（二）春节；

（三）国际劳动节；

（四）国庆节；

（五）法律、法规规定的其他休假节日。

**第四十一条** 用人单位由于生产经营需要，经与工会和劳动者协商后可以延长工作时间，一般每日不得超过一小时；因特殊原因需要延长工作时间的，在保障劳动者身体健康的条件下延长工作时间每日不得超过三小时，但是每月不得超过三十六小时。

**第四十二条** 有下列情形之一的，延长工作时间不受本法第四十一条规定的限制：

（一）发生自然灾害、事故或者因其他原因，威胁劳动者生命健康和财产安全，需要紧急处理的；

（二）生产设备、交通运输线路、公共设施发生故障，影响生产和公众利益，必须及时抢修的；

（三）法律、行政法规规定的其他情形。

**第四十三条** 用人单位不得违反本法规定延长劳动者的工作时间。

**第四十四条** 有下列情形之一的，用人单位应当按照下列标准支付高于劳动者正常工作时间工资的工资报酬：

（一）安排劳动者延长工作时间的，支付不低于工资的百分之一百五十的工资报酬；

（二）休息日安排劳动者工作又不能安排补休的，支付不低于工资的百分之二百的工资报酬；

（三）法定休假日安排劳动者工作的，支付不低于工资的百分之三百的工资报酬。

**第四十五条** 国家实行带薪年休假制度。*

劳动者连续工作一年以上的，享受带薪年休假。具体办法由国务院规定。

## 第五章 工 资

**第四十六条** 工资分配应当遵循按劳分配原则，实行同工同酬。

工资水平在经济发展的基础上逐步提高。国家对工资总量实行宏观调控。

**第四十七条** 用人单位根据本单位的生产经营特点和经济效益，依法自主确定本单位的工资分配方式和工资水平。

**第四十八条** 国家实行最低工资保障制度。最低工资的具体标准由省、自治区、直辖市人民政府规定，报国务院备案。

用人单位支付劳动者的工资不得低于当地最低工资标准。

**第四十九条** 确定和调整最低工资标准应当综合参考下列因素：

（一）劳动者本人及平均赡养人口的最低生活费用；

（二）社会平均工资水平；

（三）劳动生产率；

（四）就业状况；

（五）地区之间经济发展水平的差异。

**第五十条** 工资应当以货币形式按月支付给劳动者本人。不得克扣或者无故拖欠劳动者的工资。

---

* 《职工带薪年休假条例》（2007年12月14日，国务院令第514号）。

**第五十一条** 劳动者在法定休假日和婚丧假期间以及依法参加社会活动期间，用人单位应当依法支付工资。

## 第六章 劳动安全卫生

**第五十二条** 用人单位必须建立、健全劳动安全卫生制度，严格执行国家劳动安全卫生规程和标准，对劳动者进行劳动安全卫生教育，防止劳动过程中的事故，减少职业危害。

**第五十三条** 劳动安全卫生设施必须符合国家规定的标准。

新建、改建、扩建工程的劳动安全卫生设施必须与主体工程同时设计、同时施工、同时投入生产和使用。

**第五十四条** 用人单位必须为劳动者提供符合国家规定的劳动安全卫生条件和必要的劳动防护用品，对从事有职业危害作业的劳动者应当定期进行健康检查。

**第五十五条** 从事特种作业的劳动者必须经过专门培训并取得特种作业资格。

**第五十六条** 劳动者在劳动过程中必须严格遵守安全操作规程。

劳动者对用人单位管理人员违章指挥、强令冒险作业，有权拒绝执行；对危害生命安全和身体健康的行为，有权提出批评、检举和控告。

**第五十七条** 国家建立伤亡事故和职业病统计报告和处理制度。县级以上各级人民政府劳动行政部门、有关部门和用人单位应当依法对劳动者在劳动过程中发生的伤亡事故和劳动者的职业病状况，进行统计、报告和处理。

## 第七章　女职工和未成年工特殊保护

**第五十八条**　国家对女职工和未成年工实行特殊劳动保护。

未成年工是指年满十六周岁未满十八周岁的劳动者。

**第五十九条**　禁止安排女职工从事矿山井下、国家规定的第四级体力劳动强度的劳动和其他禁忌从事的劳动。

**第六十条**　不得安排女职工在经期从事高处、低温、冷水作业和国家规定的第三级体力劳动强度的劳动。

**第六十一条**　不得安排女职工在怀孕期间从事国家规定的第三级体力劳动强度的劳动和孕期禁忌从事的劳动。对怀孕七个月以上的女职工，不得安排其延长工作时间和夜班劳动。

**第六十二条**　女职工生育享受不少于九十天的产假。

**第六十三条**　不得安排女职工在哺乳未满一周岁的婴儿期间从事国家规定的第三级体力劳动强度的劳动和哺乳期禁忌从事的其他劳动，不得安排其延长工作时间和夜班劳动。

**第六十四条**　不得安排未成年工从事矿山井下、有毒有害、国家规定的第四级体力劳动强度的劳动和其他禁忌从事的劳动。

**第六十五条**　用人单位应当对未成年工定期进行健康检查。

## 第八章　职 业 培 训

**第六十六条**　国家通过各种途径，采取各种措施，发展职业培训事业，开发劳动者的职业技能，提高劳动者素质，增强劳动者的就业能力和工作能力。

**第六十七条**　各级人民政府应当把发展职业培训纳入社会经济发

展的规划，鼓励和支持有条件的企业、事业组织、社会团体和个人进行各种形式的职业培训。

**第六十八条** 用人单位应当建立职业培训制度，按照国家规定提取和使用职业培训经费，根据本单位实际，有计划地对劳动者进行职业培训。

从事技术工种的劳动者，上岗前必须经过培训。

**第六十九条** 国家确定职业分类，对规定的职业制定职业技能标准，实行职业资格证书制度，由经备案的考核鉴定机构负责对劳动者实施职业技能考核鉴定。

## 第九章 社会保险和福利

**第七十条** 国家发展社会保险事业，建立社会保险制度，设立社会保险基金，使劳动者在年老、患病、工伤、失业、生育等情况下获得帮助和补偿。

**第七十一条** 社会保险水平应当与社会经济发展水平和社会承受能力相适应。

**第七十二条** 社会保险基金按照保险类型确定资金来源，逐步实行社会统筹。用人单位和劳动者必须依法参加社会保险，缴纳社会保险费。

**第七十三条** 劳动者在下列情形下，依法享受社会保险待遇：

（一）退休；

（二）患病、负伤；

（三）因工伤残或者患职业病；

（四）失业；

（五）生育。

劳动者死亡后，其遗属依法享受遗属津贴。

劳动者享受社会保险待遇的条件和标准由法律、法规规定。

劳动者享受的社会保险金必须按时足额支付。

**第七十四条** 社会保险基金经办机构依照法律规定收支、管理和运营社会保险基金，并负有使社会保险基金保值增值的责任。

社会保险基金监督机构依照法律规定，对社会保险基金的收支、管理和运营实施监督。

社会保险基金经办机构和社会保险基金监督机构的设立和职能由法律规定。

任何组织和个人不得挪用社会保险基金。

**第七十五条** 国家鼓励用人单位根据本单位实际情况为劳动者建立补充保险。

国家提倡劳动者个人进行储蓄性保险。

**第七十六条** 国家发展社会福利事业，兴建公共福利设施，为劳动者休息、休养和疗养提供条件。

用人单位应当创造条件，改善集体福利，提高劳动者的福利待遇。

## 第十章 劳动争议

**第七十七条** 用人单位与劳动者发生劳动争议，当事人可以依法申请调解、仲裁、提起诉讼，也可以协商解决。

调解原则适用于仲裁和诉讼程序。

**第七十八条** 解决劳动争议，应当根据合法、公正、及时处理的原则，依法维护劳动争议当事人的合法权益。

**第七十九条** 劳动争议发生后，当事人可以向本单位劳动争议调解委员会申请调解；调解不成，当事人一方要求仲裁的，可以向劳动争议仲裁委员会申请仲裁。当事人一方也可以直接向劳动争议仲裁委员会申请仲裁。对仲裁裁决不服的，可以向人民法院提起诉讼。

**第八十条** 在用人单位内，可以设立劳动争议调解委员会。劳动争议调解委员会由职工代表、用人单位代表和工会代表组成。劳动争议调解委员会主任由工会代表担任。

劳动争议经调解达成协议的，当事人应当履行。

**第八十一条** 劳动争议仲裁委员会由劳动行政部门代表、同级工会代表、用人单位方面的代表组成。劳动争议仲裁委员会主任由劳动行政部门代表担任。

**第八十二条** 提出仲裁要求的一方应当自劳动争议发生之日起六十日内向劳动争议仲裁委员会提出书面申请。仲裁裁决一般应在收到仲裁申请的六十日内作出。对仲裁裁决无异议的，当事人必须履行。

**第八十三条** 劳动争议当事人对仲裁裁决不服的，可以自收到仲裁裁决书之日起十五日内向人民法院提起诉讼。一方当事人在法定期限内不起诉又不履行仲裁裁决的，另一方当事人可以申请人民法院强制执行。

**第八十四条** 因签订集体合同发生争议，当事人协商解决不成的，当地人民政府劳动行政部门可以组织有关各方协调处理。

因履行集体合同发生争议，当事人协商解决不成的，可以向劳动争议仲裁委员会申请仲裁；对仲裁裁决不服的，可以自收到仲裁裁决书之日起十五日内向人民法院提起诉讼。

## 第十一章　监督检查

**第八十五条** 县级以上各级人民政府劳动行政部门依法对用人

单位遵守劳动法律、法规的情况进行监督检查，对违反劳动法律、法规的行为有权制止，并责令改正。

**第八十六条** 县级以上各级人民政府劳动行政部门监督检查人员执行公务，有权进入用人单位了解执行劳动法律、法规的情况，查阅必要的资料，并对劳动场所进行检查。

县级以上各级人民政府劳动行政部门监督检查人员执行公务，必须出示证件，秉公执法并遵守有关规定。

**第八十七条** 县级以上各级人民政府有关部门在各自职责范围内，对用人单位遵守劳动法律、法规的情况进行监督。

**第八十八条** 各级工会依法维护劳动者的合法权益，对用人单位遵守劳动法律、法规的情况进行监督。

任何组织和个人对于违反劳动法律、法规的行为有权检举和控告。

## 第十二章 法律责任

**第八十九条** 用人单位制定的劳动规章制度违反法律、法规规定的，由劳动行政部门给予警告，责令改正；对劳动者造成损害的，应当承担赔偿责任。

**第九十条** 用人单位违反本法规定，延长劳动者工作时间的，由劳动行政部门给予警告，责令改正，并可以处以罚款。

**第九十一条** 用人单位有下列侵害劳动者合法权益情形之一的，由劳动行政部门责令支付劳动者的工资报酬、经济补偿，并可以责令支付赔偿金：

（一）克扣或者无故拖欠劳动者工资的；

（二）拒不支付劳动者延长工作时间工资报酬的；

（三）低于当地最低工资标准支付劳动者工资的；

（四）解除劳动合同后，未依照本法规定给予劳动者经济补偿的。

**第九十二条** 用人单位的劳动安全设施和劳动卫生条件不符合国家规定或者未向劳动者提供必要的劳动防护用品和劳动保护设施的，由劳动行政部门或者有关部门责令改正，可以处以罚款；情节严重的，提请县级以上人民政府决定责令停产整顿；对事故隐患不采取措施，致使发生重大事故，造成劳动者生命和财产损失的，对责任人员依照刑法有关规定追究刑事责任。

**第九十三条** 用人单位强令劳动者违章冒险作业，发生重大伤亡事故，造成严重后果的，对责任人员依法追究刑事责任。

**第九十四条** 用人单位非法招用未满十六周岁的未成年人的，由劳动行政部门责令改正，处以罚款；情节严重的，由市场监督管理部门吊销营业执照。

**第九十五条** 用人单位违反本法对女职工和未成年工的保护规定，侵害其合法权益的，由劳动行政部门责令改正，处以罚款；对女职工或者未成年工造成损害的，应当承担赔偿责任。

**第九十六条** 用人单位有下列行为之一，由公安机关对责任人员处以十五日以下拘留、罚款或者警告；构成犯罪的，对责任人员依法追究刑事责任：

（一）以暴力、威胁或者非法限制人身自由的手段强迫劳动的；

（二）侮辱、体罚、殴打、非法搜查和拘禁劳动者的。

**第九十七条** 由于用人单位的原因订立的无效合同，对劳动者造成损害的，应当承担赔偿责任。

**第九十八条** 用人单位违反本法规定的条件解除劳动合同或者故意拖延不订立劳动合同的，由劳动行政部门责令改正；对劳动者造成损害的，应当承担赔偿责任。

**第九十九条** 用人单位招用尚未解除劳动合同的劳动者，对原用人单位造成经济损失的，该用人单位应当依法承担连带赔偿责任。

**第一百条** 用人单位无故不缴纳社会保险费的，由劳动行政部门责令其限期缴纳；逾期不缴的，可以加收滞纳金。

**第一百零一条** 用人单位无理阻挠劳动行政部门、有关部门及其工作人员行使监督检查权，打击报复举报人员的，由劳动行政部门或者有关部门处以罚款；构成犯罪的，对责任人员依法追究刑事责任。

**第一百零二条** 劳动者违反本法规定的条件解除劳动合同或者违反劳动合同中约定的保密事项，对用人单位造成经济损失的，应当依法承担赔偿责任。

**第一百零三条** 劳动行政部门或者有关部门的工作人员滥用职权、玩忽职守、徇私舞弊，构成犯罪的，依法追究刑事责任；不构成犯罪的，给予行政处分。

**第一百零四条** 国家工作人员和社会保险基金经办机构的工作人员挪用社会保险基金，构成犯罪的，依法追究刑事责任。

**第一百零五条** 违反本法规定侵害劳动者合法权益，其他法律、行政法规已规定处罚的，依照该法律、行政法规的规定处罚。

## 第十三章　附　　则

**第一百零六条** 省、自治区、直辖市人民政府根据本法和本地区的实际情况，规定劳动合同制度的实施步骤，报国务院备案。

**第一百零七条** 本法自 1995 年 1 月 1 日起施行。

# 中华人民共和国劳动合同法

（2007年6月29日第十届全国人民代表大会常务委员会第二十八次会议通过　根据2012年12月28日第十一届全国人民代表大会常务委员会第三十次会议《关于修改〈中华人民共和国劳动合同法〉的决定》修正）

## 目　　录



## 第一章　总　　则

**第一条**　为了完善劳动合同制度，明确劳动合同双方当事人的权利和义务，保护劳动者的合法权益，构建和发展和谐稳定的劳动关系，制定本法。

**第二条** 中华人民共和国境内的企业、个体经济组织、民办非企业单位等组织（以下称用人单位）与劳动者建立劳动关系，订立、履行、变更、解除或者终止劳动合同，适用本法。

国家机关、事业单位、社会团体和与其建立劳动关系的劳动者，订立、履行、变更、解除或者终止劳动合同，依照本法执行。

**第三条** 订立劳动合同，应当遵循合法、公平、平等自愿、协商一致、诚实信用的原则。

依法订立的劳动合同具有约束力，用人单位与劳动者应当履行劳动合同约定的义务。

**第四条** 用人单位应当依法建立和完善劳动规章制度，保障劳动者享有劳动权利、履行劳动义务。

用人单位在制定、修改或者决定有关劳动报酬、工作时间、休息休假、劳动安全卫生、保险福利、职工培训、劳动纪律以及劳动定额管理等直接涉及劳动者切身利益的规章制度或者重大事项时，应当经职工代表大会或者全体职工讨论，提出方案和意见，与工会或者职工代表平等协商确定。

在规章制度和重大事项决定实施过程中，工会或者职工认为不适当的，有权向用人单位提出，通过协商予以修改完善。

用人单位应当将直接涉及劳动者切身利益的规章制度和重大事项决定公示，或者告知劳动者。

**第五条** 县级以上人民政府劳动行政部门会同工会和企业方面代表，建立健全协调劳动关系三方机制，共同研究解决有关劳动关系的重大问题。

**第六条** 工会应当帮助、指导劳动者与用人单位依法订立和履行劳动合同，并与用人单位建立集体协商机制，维护劳动者的合法权益。

## 第二章　劳动合同的订立

**第七条**　用人单位自用工之日起即与劳动者建立劳动关系。用人单位应当建立职工名册备查。

**第八条**　用人单位招用劳动者时，应当如实告知劳动者工作内容、工作条件、工作地点、职业危害、安全生产状况、劳动报酬，以及劳动者要求了解的其他情况；用人单位有权了解劳动者与劳动合同直接相关的基本情况，劳动者应当如实说明。

**第九条**　用人单位招用劳动者，不得扣押劳动者的居民身份证和其他证件，不得要求劳动者提供担保或者以其他名义向劳动者收取财物。

**第十条**　建立劳动关系，应当订立书面劳动合同。

已建立劳动关系，未同时订立书面劳动合同的，应当自用工之日起一个月内订立书面劳动合同。

用人单位与劳动者在用工前订立劳动合同的，劳动关系自用工之日起建立。

**第十一条**　用人单位未在用工的同时订立书面劳动合同，与劳动者约定的劳动报酬不明确的，新招用的劳动者的劳动报酬按照集体合同规定的标准执行；没有集体合同或者集体合同未规定的，实行同工同酬。

**第十二条**　劳动合同分为固定期限劳动合同、无固定期限劳动合同和以完成一定工作任务为期限的劳动合同。

**第十三条**　固定期限劳动合同，是指用人单位与劳动者约定合同终止时间的劳动合同。

用人单位与劳动者协商一致，可以订立固定期限劳动合同。

**第十四条** 无固定期限劳动合同，是指用人单位与劳动者约定无确定终止时间的劳动合同。

用人单位与劳动者协商一致，可以订立无固定期限劳动合同。有下列情形之一，劳动者提出或者同意续订、订立劳动合同的，除劳动者提出订立固定期限劳动合同外，应当订立无固定期限劳动合同：

（一）劳动者在该用人单位连续工作满十年的；

（二）用人单位初次实行劳动合同制度或者国有企业改制重新订立劳动合同时，劳动者在该用人单位连续工作满十年且距法定退休年龄不足十年的；

（三）连续订立二次固定期限劳动合同，且劳动者没有本法第三十九条和第四十条第一项、第二项规定的情形，续订劳动合同的。

用人单位自用工之日起满一年不与劳动者订立书面劳动合同的，视为用人单位与劳动者已订立无固定期限劳动合同。

**第十五条** 以完成一定工作任务为期限的劳动合同，是指用人单位与劳动者约定以某项工作的完成为合同期限的劳动合同。

用人单位与劳动者协商一致，可以订立以完成一定工作任务为期限的劳动合同。

**第十六条** 劳动合同由用人单位与劳动者协商一致，并经用人单位与劳动者在劳动合同文本上签字或者盖章生效。

劳动合同文本由用人单位和劳动者各执一份。

**第十七条** 劳动合同应当具备以下条款：

（一）用人单位的名称、住所和法定代表人或者主要负责人；

（二）劳动者的姓名、住址和居民身份证或者其他有效身份证件号码；

（三）劳动合同期限；

（四）工作内容和工作地点；

（五）工作时间和休息休假；

（六）劳动报酬；

（七）社会保险；

（八）劳动保护、劳动条件和职业危害防护；

（九）法律、法规规定应当纳入劳动合同的其他事项。

劳动合同除前款规定的必备条款外，用人单位与劳动者可以约定试用期、培训、保守秘密、补充保险和福利待遇等其他事项。

**第十八条** 劳动合同对劳动报酬和劳动条件等标准约定不明确，引发争议的，用人单位与劳动者可以重新协商；协商不成的，适用集体合同规定；没有集体合同或者集体合同未规定劳动报酬的，实行同工同酬；没有集体合同或者集体合同未规定劳动条件等标准的，适用国家有关规定。

**第十九条** 劳动合同期限三个月以上不满一年的，试用期不得超过一个月；劳动合同期限一年以上不满三年的，试用期不得超过二个月；三年以上固定期限和无固定期限的劳动合同，试用期不得超过六个月。

同一用人单位与同一劳动者只能约定一次试用期。

以完成一定工作任务为期限的劳动合同或者劳动合同期限不满三个月的，不得约定试用期。

试用期包含在劳动合同期限内。劳动合同仅约定试用期的，试用期不成立，该期限为劳动合同期限。

**第二十条** 劳动者在试用期的工资不得低于本单位相同岗位最低档工资或者劳动合同约定工资的百分之八十，并不得低于用人单位所在地的最低工资标准。

**第二十一条** 在试用期中，除劳动者有本法第三十九条和第四十条第一项、第二项规定的情形外，用人单位不得解除劳动合同。用人单位在试用期解除劳动合同的，应当向劳动者说明理由。

**第二十二条** 用人单位为劳动者提供专项培训费用，对其进行专业技术培训的，可以与该劳动者订立协议，约定服务期。

劳动者违反服务期约定的，应当按照约定向用人单位支付违约金。违约金的数额不得超过用人单位提供的培训费用。用人单位要求劳动者支付的违约金不得超过服务期尚未履行部分所应分摊的培训费用。

用人单位与劳动者约定服务期的，不影响按照正常的工资调整机制提高劳动者在服务期期间的劳动报酬。

**第二十三条** 用人单位与劳动者可以在劳动合同中约定保守用人单位的商业秘密和与知识产权相关的保密事项。

对负有保密义务的劳动者，用人单位可以在劳动合同或者保密协议中与劳动者约定竞业限制条款，并约定在解除或者终止劳动合同后，在竞业限制期限内按月给予劳动者经济补偿。劳动者违反竞业限制约定的，应当按照约定向用人单位支付违约金。

**第二十四条** 竞业限制的人员限于用人单位的高级管理人员、高级技术人员和其他负有保密义务的人员。竞业限制的范围、地域、期限由用人单位与劳动者约定，竞业限制的约定不得违反法律、法规的规定。

在解除或者终止劳动合同后，前款规定的人员到与本单位生产或者经营同类产品、从事同类业务的有竞争关系的其他用人单位，或者自己开业生产或者经营同类产品、从事同类业务的竞业限制期限，不得超过二年。

**第二十五条** 除本法第二十二条和第二十三条规定的情形外，用人单位不得与劳动者约定由劳动者承担违约金。

**第二十六条** 下列劳动合同无效或者部分无效：

（一）以欺诈、胁迫的手段或者乘人之危，使对方在违背真实意思的情况下订立或者变更劳动合同的；

（二）用人单位免除自己的法定责任、排除劳动者权利的；

（三）违反法律、行政法规强制性规定的。

对劳动合同的无效或者部分无效有争议的，由劳动争议仲裁机构或者人民法院确认。

**第二十七条** 劳动合同部分无效，不影响其他部分效力的，其他部分仍然有效。

**第二十八条** 劳动合同被确认无效，劳动者已付出劳动的，用人单位应当向劳动者支付劳动报酬。劳动报酬的数额，参照本单位相同或者相近岗位劳动者的劳动报酬确定。

## 第三章 劳动合同的履行和变更

**第二十九条** 用人单位与劳动者应当按照劳动合同的约定，全面履行各自的义务。

**第三十条** 用人单位应当按照劳动合同约定和国家规定，向劳动者及时足额支付劳动报酬。

用人单位拖欠或者未足额支付劳动报酬的，劳动者可以依法向当地人民法院申请支付令，人民法院应当依法发出支付令。

**第三十一条** 用人单位应当严格执行劳动定额标准，不得强迫或者变相强迫劳动者加班。用人单位安排加班的，应当按照国家有关规定向劳动者支付加班费。

**第三十二条** 劳动者拒绝用人单位管理人员违章指挥、强令冒险作业的，不视为违反劳动合同。

劳动者对危害生命安全和身体健康的劳动条件，有权对用人单位提出批评、检举和控告。

**第三十三条** 用人单位变更名称、法定代表人、主要负责人或者投资人等事项，不影响劳动合同的履行。

**第三十四条** 用人单位发生合并或者分立等情况，原劳动合同继续有效，劳动合同由承继其权利和义务的用人单位继续履行。

**第三十五条** 用人单位与劳动者协商一致，可以变更劳动合同约定的内容。变更劳动合同，应当采用书面形式。

变更后的劳动合同文本由用人单位和劳动者各执一份。

## 第四章 劳动合同的解除和终止

**第三十六条** 用人单位与劳动者协商一致，可以解除劳动合同。

**第三十七条** 劳动者提前三十日以书面形式通知用人单位，可以解除劳动合同。劳动者在试用期内提前三日通知用人单位，可以解除劳动合同。

**第三十八条** 用人单位有下列情形之一的，劳动者可以解除劳动合同：

（一）未按照劳动合同约定提供劳动保护或者劳动条件的；

（二）未及时足额支付劳动报酬的；

（三）未依法为劳动者缴纳社会保险费的；

（四）用人单位的规章制度违反法律、法规的规定，损害劳动者权益的；

（五）因本法第二十六条第一款规定的情形致使劳动合同无效的；

（六）法律、行政法规规定劳动者可以解除劳动合同的其他情形。

用人单位以暴力、威胁或者非法限制人身自由的手段强迫劳动者劳动的，或者用人单位违章指挥、强令冒险作业危及劳动者人身安全的，劳动者可以立即解除劳动合同，不需事先告知用人单位。

**第三十九条** 劳动者有下列情形之一的，用人单位可以解除劳动合同：

（一）在试用期间被证明不符合录用条件的；

（二）严重违反用人单位的规章制度的；

（三）严重失职，营私舞弊，给用人单位造成重大损害的；

（四）劳动者同时与其他用人单位建立劳动关系，对完成本单位的工作任务造成严重影响，或者经用人单位提出，拒不改正的；

（五）因本法第二十六条第一款第一项规定的情形致使劳动合同无效的；

（六）被依法追究刑事责任的。

**第四十条** 有下列情形之一的，用人单位提前三十日以书面形式通知劳动者本人或者额外支付劳动者一个月工资后，可以解除劳动合同：

（一）劳动者患病或者非因工负伤，在规定的医疗期满后不能从事原工作，也不能从事由用人单位另行安排的工作的；

（二）劳动者不能胜任工作，经过培训或者调整工作岗位，仍不能胜任工作的；

（三）劳动合同订立时所依据的客观情况发生重大变化，致使劳动合同无法履行，经用人单位与劳动者协商，未能就变更劳动合同内容达成协议的。

**第四十一条** 有下列情形之一，需要裁减人员二十人以上或者裁减不足二十人但占企业职工总数百分之十以上的，用人单位提前三十日向工会或者全体职工说明情况，听取工会或者职工的意见后，裁减人员方案经向劳动行政部门报告，可以裁减人员：

（一）依照企业破产法规定进行重整的；

（二）生产经营发生严重困难的；

（三）企业转产、重大技术革新或者经营方式调整，经变更劳动合同后，仍需裁减人员的；

（四）其他因劳动合同订立时所依据的客观经济情况发生重大变化，致使劳动合同无法履行的。

裁减人员时，应当优先留用下列人员：

（一）与本单位订立较长期限的固定期限劳动合同的；

（二）与本单位订立无固定期限劳动合同的；

（三）家庭无其他就业人员，有需要扶养的老人或者未成年人的。

用人单位依照本条第一款规定裁减人员，在六个月内重新招用人员的，应当通知被裁减的人员，并在同等条件下优先招用被裁减的人员。

**第四十二条** 劳动者有下列情形之一的，用人单位不得依照本法第四十条、第四十一条的规定解除劳动合同：

（一）从事接触职业病危害作业的劳动者未进行离岗前职业健康检查，或者疑似职业病病人在诊断或者医学观察期间的；

（二）在本单位患职业病或者因工负伤并被确认丧失或者部分丧失劳动能力的；

（三）患病或者非因工负伤，在规定的医疗期内的；

（四）女职工在孕期、产期、哺乳期的；

（五）在本单位连续工作满十五年，且距法定退休年龄不足五年的；

（六）法律、行政法规规定的其他情形。

**第四十三条** 用人单位单方解除劳动合同，应当事先将理由通知工会。用人单位违反法律、行政法规规定或者劳动合同约定的，工会有权要求用人单位纠正。用人单位应当研究工会的意见，并将处理结果书面通知工会。

**第四十四条**　有下列情形之一的，劳动合同终止：

（一）劳动合同期满的；

（二）劳动者开始依法享受基本养老保险待遇的；

（三）劳动者死亡，或者被人民法院宣告死亡或者宣告失踪的；

（四）用人单位被依法宣告破产的；

（五）用人单位被吊销营业执照、责令关闭、撤销或者用人单位决定提前解散的；

（六）法律、行政法规规定的其他情形。

**第四十五条**　劳动合同期满，有本法第四十二条规定情形之一的，劳动合同应当续延至相应的情形消失时终止。但是，本法第四十二条第二项规定丧失或者部分丧失劳动能力劳动者的劳动合同的终止，按照国家有关工伤保险的规定执行。

**第四十六条**　有下列情形之一的，用人单位应当向劳动者支付经济补偿：

（一）劳动者依照本法第三十八条规定解除劳动合同的；

（二）用人单位依照本法第三十六条规定向劳动者提出解除劳动合同并与劳动者协商一致解除劳动合同的；

（三）用人单位依照本法第四十条规定解除劳动合同的；

（四）用人单位依照本法第四十一条第一款规定解除劳动合同的；

（五）除用人单位维持或者提高劳动合同约定条件续订劳动合同，劳动者不同意续订的情形外，依照本法第四十四条第一项规定终止固定期限劳动合同的；

（六）依照本法第四十四条第四项、第五项规定终止劳动合同的；

（七）法律、行政法规规定的其他情形。

**第四十七条** 经济补偿按劳动者在本单位工作的年限，每满一年支付一个月工资的标准向劳动者支付。六个月以上不满一年的，按一年计算；不满六个月的，向劳动者支付半个月工资的经济补偿。

劳动者月工资高于用人单位所在直辖市、设区的市级人民政府公布的本地区上年度职工月平均工资三倍的，向其支付经济补偿的标准按职工月平均工资三倍的数额支付，向其支付经济补偿的年限最高不超过十二年。

本条所称月工资是指劳动者在劳动合同解除或者终止前十二个月的平均工资。

**第四十八条** 用人单位违反本法规定解除或者终止劳动合同，劳动者要求继续履行劳动合同的，用人单位应当继续履行；劳动者不要求继续履行劳动合同或者劳动合同已经不能继续履行的，用人单位应当依照本法第八十七条规定支付赔偿金。

**第四十九条** 国家采取措施，建立健全劳动者社会保险关系跨地区转移接续制度。

**第五十条** 用人单位应当在解除或者终止劳动合同时出具解除或者终止劳动合同的证明，并在十五日内为劳动者办理档案和社会保险关系转移手续。

劳动者应当按照双方约定，办理工作交接。用人单位依照本法有关规定应当向劳动者支付经济补偿的，在办结工作交接时支付。

用人单位对已经解除或者终止的劳动合同的文本，至少保存二年备查。

# 第五章 特别规定

## 第一节 集体合同

**第五十一条** 企业职工一方与用人单位通过平等协商，可以就劳动报酬、工作时间、休息休假、劳动安全卫生、保险福利等事项订立集体合同。集体合同草案应当提交职工代表大会或者全体职工讨论通过。

集体合同由工会代表企业职工一方与用人单位订立；尚未建立工会的用人单位，由上级工会指导劳动者推举的代表与用人单位订立。

**第五十二条** 企业职工一方与用人单位可以订立劳动安全卫生、女职工权益保护、工资调整机制等专项集体合同。

**第五十三条** 在县级以下区域内，建筑业、采矿业、餐饮服务业等行业可以由工会与企业方面代表订立行业性集体合同，或者订立区域性集体合同。

**第五十四条** 集体合同订立后，应当报送劳动行政部门；劳动行政部门自收到集体合同文本之日起十五日内未提出异议的，集体合同即行生效。

依法订立的集体合同对用人单位和劳动者具有约束力。行业性、区域性集体合同对当地本行业、本区域的用人单位和劳动者具有约束力。

**第五十五条** 集体合同中劳动报酬和劳动条件等标准不得低于当地人民政府规定的最低标准；用人单位与劳动者订立的劳动合同中劳动报酬和劳动条件等标准不得低于集体合同规定的标准。

**第五十六条** 用人单位违反集体合同，侵犯职工劳动权益的，工会可以依法要求用人单位承担责任；因履行集体合同发生争议，经协商解决不成的，工会可以依法申请仲裁、提起诉讼。

## 第二节　劳务派遣

**第五十七条**　经营劳务派遣业务应当具备下列条件：

（一）注册资本不得少于人民币二百万元；

（二）有与开展业务相适应的固定的经营场所和设施；

（三）有符合法律、行政法规规定的劳务派遣管理制度；

（四）法律、行政法规规定的其他条件。

经营劳务派遣业务，应当向劳动行政部门依法申请行政许可；经许可的，依法办理相应的公司登记。未经许可，任何单位和个人不得经营劳务派遣业务。

**第五十八条**　劳务派遣单位是本法所称用人单位，应当履行用人单位对劳动者的义务。劳务派遣单位与被派遣劳动者订立的劳动合同，除应当载明本法第十七条规定的事项外，还应当载明被派遣劳动者的用工单位以及派遣期限、工作岗位等情况。

劳务派遣单位应当与被派遣劳动者订立二年以上的固定期限劳动合同，按月支付劳动报酬；被派遣劳动者在无工作期间，劳务派遣单位应当按照所在地人民政府规定的最低工资标准，向其按月支付报酬。

**第五十九条**　劳务派遣单位派遣劳动者应当与接受以劳务派遣形式用工的单位（以下称用工单位）订立劳务派遣协议。劳务派遣协议应当约定派遣岗位和人员数量、派遣期限、劳动报酬和社会保险费的数额与支付方式以及违反协议的责任。

用工单位应当根据工作岗位的实际需要与劳务派遣单位确定派遣期限，不得将连续用工期限分割订立数个短期劳务派遣协议。

**第六十条** 劳务派遣单位应当将劳务派遣协议的内容告知被派遣劳动者。

劳务派遣单位不得克扣用工单位按照劳务派遣协议支付给被派遣劳动者的劳动报酬。

劳务派遣单位和用工单位不得向被派遣劳动者收取费用。

**第六十一条** 劳务派遣单位跨地区派遣劳动者的，被派遣劳动者享有的劳动报酬和劳动条件，按照用工单位所在地的标准执行。

**第六十二条** 用工单位应当履行下列义务：

（一）执行国家劳动标准，提供相应的劳动条件和劳动保护；

（二）告知被派遣劳动者的工作要求和劳动报酬；

（三）支付加班费、绩效奖金，提供与工作岗位相关的福利待遇；

（四）对在岗被派遣劳动者进行工作岗位所必需的培训；

（五）连续用工的，实行正常的工资调整机制。

用工单位不得将被派遣劳动者再派遣到其他用人单位。

**第六十三条** 被派遣劳动者享有与用工单位的劳动者同工同酬的权利。用工单位应当按照同工同酬原则，对被派遣劳动者与本单位同类岗位的劳动者实行相同的劳动报酬分配办法。用工单位无同类岗位劳动者的，参照用工单位所在地相同或者相近岗位劳动者的劳动报酬确定。

劳务派遣单位与被派遣劳动者订立的劳动合同和与用工单位订立的劳务派遣协议，载明或者约定的向被派遣劳动者支付的劳动报酬应当符合前款规定。

**第六十四条** 被派遣劳动者有权在劳务派遣单位或者用工单位依法参加或者组织工会，维护自身的合法权益。

**第六十五条** 被派遣劳动者可以依照本法第三十六条、第三十八条的规定与劳务派遣单位解除劳动合同。

被派遣劳动者有本法第三十九条和第四十条第一项、第二项规定情形的，用工单位可以将劳动者退回劳务派遣单位，劳务派遣单位依照本法有关规定，可以与劳动者解除劳动合同。

**第六十六条** 劳动合同用工是我国的企业基本用工形式。劳务派遣用工是补充形式，只能在临时性、辅助性或者替代性的工作岗位上实施。

前款规定的临时性工作岗位是指存续时间不超过六个月的岗位；辅助性工作岗位是指为主营业务岗位提供服务的非主营业务岗位；替代性工作岗位是指用工单位的劳动者因脱产学习、休假等原因无法工作的一定期间内，可以由其他劳动者替代工作的岗位。

用工单位应当严格控制劳务派遣用工数量，不得超过其用工总量的一定比例，具体比例由国务院劳动行政部门规定。

**第六十七条** 用人单位不得设立劳务派遣单位向本单位或者所属单位派遣劳动者。

## 第三节 非全日制用工

**第六十八条** 非全日制用工，是指以小时计酬为主，劳动者在同一用人单位一般平均每日工作时间不超过四小时，每周工作时间累计不超过二十四小时的用工形式。

**第六十九条** 非全日制用工双方当事人可以订立口头协议。

从事非全日制用工的劳动者可以与一个或者一个以上用人单位订立劳动合同；但是，后订立的劳动合同不得影响先订立的劳动合同的履行。

**第七十条** 非全日制用工双方当事人不得约定试用期。

**第七十一条** 非全日制用工双方当事人任何一方都可以随时通知对方终止用工。终止用工，用人单位不向劳动者支付经济补偿。

**第七十二条**　非全日制用工小时计酬标准不得低于用人单位所在地人民政府规定的最低小时工资标准。

非全日制用工劳动报酬结算支付周期最长不得超过十五日。

## 第六章　监督检查

**第七十三条**　国务院劳动行政部门负责全国劳动合同制度实施的监督管理。

县级以上地方人民政府劳动行政部门负责本行政区域内劳动合同制度实施的监督管理。

县级以上各级人民政府劳动行政部门在劳动合同制度实施的监督管理工作中，应当听取工会、企业方面代表以及有关行业主管部门的意见。

**第七十四条**　县级以上地方人民政府劳动行政部门依法对下列实施劳动合同制度的情况进行监督检查：

（一）用人单位制定直接涉及劳动者切身利益的规章制度及其执行的情况；

（二）用人单位与劳动者订立和解除劳动合同的情况；

（三）劳务派遣单位和用工单位遵守劳务派遣有关规定的情况；

（四）用人单位遵守国家关于劳动者工作时间和休息休假规定的情况；

（五）用人单位支付劳动合同约定的劳动报酬和执行最低工资标准的情况；

（六）用人单位参加各项社会保险和缴纳社会保险费的情况；

（七）法律、法规规定的其他劳动监察事项。

**第七十五条**　县级以上地方人民政府劳动行政部门实施监督检查

时，有权查阅与劳动合同、集体合同有关的材料，有权对劳动场所进行实地检查，用人单位和劳动者都应当如实提供有关情况和材料。

劳动行政部门的工作人员进行监督检查，应当出示证件，依法行使职权，文明执法。

**第七十六条** 县级以上人民政府建设、卫生、安全生产监督管理等有关主管部门在各自职责范围内，对用人单位执行劳动合同制度的情况进行监督管理。

**第七十七条** 劳动者合法权益受到侵害的，有权要求有关部门依法处理，或者依法申请仲裁、提起诉讼。

**第七十八条** 工会依法维护劳动者的合法权益，对用人单位履行劳动合同、集体合同的情况进行监督。用人单位违反劳动法律、法规和劳动合同、集体合同的，工会有权提出意见或者要求纠正；劳动者申请仲裁、提起诉讼的，工会依法给予支持和帮助。

**第七十九条** 任何组织或者个人对违反本法的行为都有权举报，县级以上人民政府劳动行政部门应当及时核实、处理，并对举报有功人员给予奖励。

## 第七章　法律责任

**第八十条** 用人单位直接涉及劳动者切身利益的规章制度违反法律、法规规定的，由劳动行政部门责令改正，给予警告；给劳动者造成损害的，应当承担赔偿责任。

**第八十一条** 用人单位提供的劳动合同文本未载明本法规定的劳动合同必备条款或者用人单位未将劳动合同文本交付劳动者的，由劳动行政部门责令改正；给劳动者造成损害的，应当承担赔偿责任。

**第八十二条** 用人单位自用工之日起超过一个月不满一年未与劳

动者订立书面劳动合同的，应当向劳动者每月支付二倍的工资。

用人单位违反本法规定不与劳动者订立无固定期限劳动合同的，自应当订立无固定期限劳动合同之日起向劳动者每月支付二倍的工资。

**第八十三条** 用人单位违反本法规定与劳动者约定试用期的，由劳动行政部门责令改正；违法约定的试用期已经履行的，由用人单位以劳动者试用期满月工资为标准，按已经履行的超过法定试用期的期间向劳动者支付赔偿金。

**第八十四条** 用人单位违反本法规定，扣押劳动者居民身份证等证件的，由劳动行政部门责令限期退还劳动者本人，并依照有关法律规定给予处罚。

用人单位违反本法规定，以担保或者其他名义向劳动者收取财物的，由劳动行政部门责令限期退还劳动者本人，并以每人五百元以上二千元以下的标准处以罚款；给劳动者造成损害的，应当承担赔偿责任。

劳动者依法解除或者终止劳动合同，用人单位扣押劳动者档案或者其他物品的，依照前款规定处罚。

**第八十五条** 用人单位有下列情形之一的，由劳动行政部门责令限期支付劳动报酬、加班费或者经济补偿；劳动报酬低于当地最低工资标准的，应当支付其差额部分；逾期不支付的，责令用人单位按应付金额百分之五十以上百分之一百以下的标准向劳动者加付赔偿金：

（一）未按照劳动合同的约定或者国家规定及时足额支付劳动者劳动报酬的；

（二）低于当地最低工资标准支付劳动者工资的；

（三）安排加班不支付加班费的；

（四）解除或者终止劳动合同，未依照本法规定向劳动者支付经济补偿的。

**第八十六条** 劳动合同依照本法第二十六条规定被确认无效，给对方造成损害的，有过错的一方应当承担赔偿责任。

**第八十七条** 用人单位违反本法规定解除或者终止劳动合同的，应当依照本法第四十七条规定的经济补偿标准的二倍向劳动者支付赔偿金。

**第八十八条** 用人单位有下列情形之一的，依法给予行政处罚；构成犯罪的，依法追究刑事责任；给劳动者造成损害的，应当承担赔偿责任：

（一）以暴力、威胁或者非法限制人身自由的手段强迫劳动的；

（二）违章指挥或者强令冒险作业危及劳动者人身安全的；

（三）侮辱、体罚、殴打、非法搜查或者拘禁劳动者的；

（四）劳动条件恶劣、环境污染严重，给劳动者身心健康造成严重损害的。

**第八十九条** 用人单位违反本法规定未向劳动者出具解除或者终止劳动合同的书面证明，由劳动行政部门责令改正；给劳动者造成损害的，应当承担赔偿责任。

**第九十条** 劳动者违反本法规定解除劳动合同，或者违反劳动合同中约定的保密义务或者竞业限制，给用人单位造成损失的，应当承担赔偿责任。

**第九十一条** 用人单位招用与其他用人单位尚未解除或者终止劳动合同的劳动者，给其他用人单位造成损失的，应当承担连带赔偿责任。

**第九十二条** 违反本法规定，未经许可，擅自经营劳务派遣业务的，由劳动行政部门责令停止违法行为，没收违法所得，并处违法所得一倍以上五倍以下的罚款；没有违法所得的，可以处五万元以下的罚款。

劳务派遣单位、用工单位违反本法有关劳务派遣规定的，由劳动行政部门责令限期改正；逾期不改正的，以每人五千元以上一万元以下的标准处以罚款，对劳务派遣单位，吊销其劳务派遣业务经营许可证。用工单位给被派遣劳动者造成损害的，劳务派遣单位与用工单位承担连带赔偿责任。

**第九十三条** 对不具备合法经营资格的用人单位的违法犯罪行为，依法追究法律责任；劳动者已经付出劳动的，该单位或者其出资人应当依照本法有关规定向劳动者支付劳动报酬、经济补偿、赔偿金；给劳动者造成损害的，应当承担赔偿责任。

**第九十四条** 个人承包经营违反本法规定招用劳动者，给劳动者造成损害的，发包的组织与个人承包经营者承担连带赔偿责任。

**第九十五条** 劳动行政部门和其他有关主管部门及其工作人员玩忽职守、不履行法定职责，或者违法行使职权，给劳动者或者用人单位造成损害的，应当承担赔偿责任；对直接负责的主管人员和其他直接责任人员，依法给予行政处分；构成犯罪的，依法追究刑事责任。

## 第八章　附　　则

**第九十六条** 事业单位与实行聘用制的工作人员订立、履行、变更、解除或者终止劳动合同，法律、行政法规或者国务院另有规定的，依照其规定；未作规定的，依照本法有关规定执行。

**第九十七条** 本法施行前已依法订立且在本法施行之日存续的劳动合同，继续履行；本法第十四条第二款第三项规定连续订立固定期限劳动合同的次数，自本法施行后续订固定期限劳动合同时开始计算。

本法施行前已建立劳动关系，尚未订立书面劳动合同的，应当自本法施行之日起一个月内订立。

本法施行之日存续的劳动合同在本法施行后解除或者终止，依照本法第四十六条规定应当支付经济补偿的，经济补偿年限自本法施行之日起计算；本法施行前按照当时有关规定，用人单位应当向劳动者支付经济补偿的，按照当时有关规定执行。

**第九十八条** 本法自2008年1月1日起施行。

# 中华人民共和国劳动合同法实施条例

（2008年9月3日国务院第25次常务会议通过 2008年9月18日中华人民共和国国务院令第535号公布 自公布之日起施行）

## 第一章 总 则

**第一条** 为了贯彻实施《中华人民共和国劳动合同法》（以下简称劳动合同法），制定本条例。

**第二条** 各级人民政府和县级以上人民政府劳动行政等有关部门以及工会等组织，应当采取措施，推动劳动合同法的贯彻实施，促进劳动关系的和谐。

**第三条** 依法成立的会计师事务所、律师事务所等合伙组织和基金会，属于劳动合同法规定的用人单位。

## 第二章 劳动合同的订立

**第四条** 劳动合同法规定的用人单位设立的分支机构，依法取得营业执照或者登记证书的，可以作为用人单位与劳动者订立劳动合同；未依法取得营业执照或者登记证书的，受用人单位委托可以与劳动者订立劳动合同。

**第五条** 自用工之日起一个月内，经用人单位书面通知后，劳动者不与用人单位订立书面劳动合同的，用人单位应当书面通知劳动者终止劳动关系，无需向劳动者支付经济补偿，但是应当依法向劳动者支付其实际工作时间的劳动报酬。

**第六条** 用人单位自用工之日起超过一个月不满一年未与劳动者订立书面劳动合同的，应当依照劳动合同法第八十二条的规定向劳动者每月支付两倍的工资，并与劳动者补订书面劳动合同；劳动者不与用人单位订立书面劳动合同的，用人单位应当书面通知劳动者终止劳动关系，并依照劳动合同法第四十七条的规定支付经济补偿。

前款规定的用人单位向劳动者每月支付两倍工资的起算时间为用工之日起满一个月的次日，截止时间为补订书面劳动合同的前一日。

**第七条** 用人单位自用工之日起满一年未与劳动者订立书面劳动合同的，自用工之日起满一个月的次日至满一年的前一日应当依照劳动合同法第八十二条的规定向劳动者每月支付两倍的工资，并视为自用工之日起满一年的当日已经与劳动者订立无固定期限劳动合同，应当立即与劳动者补订书面劳动合同。

**第八条** 劳动合同法第七条规定的职工名册，应当包括劳动者姓名、性别、公民身份号码、户籍地址及现住址、联系方式、用工形式、用工起始时间、劳动合同期限等内容。

**第九条** 劳动合同法第十四条第二款规定的连续工作满 10 年的起始时间，应当自用人单位用工之日起计算，包括劳动合同法施行前的工作年限。

**第十条** 劳动者非因本人原因从原用人单位被安排到新用人单位

工作的，劳动者在原用人单位的工作年限合并计算为新用人单位的工作年限。原用人单位已经向劳动者支付经济补偿的，新用人单位在依法解除、终止劳动合同计算支付经济补偿的工作年限时，不再计算劳动者在原用人单位的工作年限。

**第十一条** 除劳动者与用人单位协商一致的情形外，劳动者依照劳动合同法第十四条第二款的规定，提出订立无固定期限劳动合同的，用人单位应当与其订立无固定期限劳动合同。对劳动合同的内容，双方应当按照合法、公平、平等自愿、协商一致、诚实信用的原则协商确定；对协商不一致的内容，依照劳动合同法第十八条的规定执行。

**第十二条** 地方各级人民政府及县级以上地方人民政府有关部门为安置就业困难人员提供的给予岗位补贴和社会保险补贴的公益性岗位，其劳动合同不适用劳动合同法有关无固定期限劳动合同的规定以及支付经济补偿的规定。

**第十三条** 用人单位与劳动者不得在劳动合同法第四十四条规定的劳动合同终止情形之外约定其他的劳动合同终止条件。

**第十四条** 劳动合同履行地与用人单位注册地不一致的，有关劳动者的最低工资标准、劳动保护、劳动条件、职业危害防护和本地区上年度职工月平均工资标准等事项，按照劳动合同履行地的有关规定执行；用人单位注册地的有关标准高于劳动合同履行地的有关标准，且用人单位与劳动者约定按照用人单位注册地的有关规定执行的，从其约定。

**第十五条** 劳动者在试用期的工资不得低于本单位相同岗位最低档工资的80%或者不得低于劳动合同约定工资的80%，并不得低于用人单位所在地的最低工资标准。

**第十六条** 劳动合同法第二十二条第二款规定的培训费用，包括用人单位为了对劳动者进行专业技术培训而支付的有凭证的培训费用、培训期间的差旅费用以及因培训产生的用于该劳动者的其他直接费用。

**第十七条** 劳动合同期满，但是用人单位与劳动者依照劳动合同法第二十二条的规定约定的服务期尚未到期的，劳动合同应当续延至服务期满；双方另有约定的，从其约定。

## 第三章 劳动合同的解除和终止

**第十八条** 有下列情形之一的，依照劳动合同法规定的条件、程序，劳动者可以与用人单位解除固定期限劳动合同、无固定期限劳动合同或者以完成一定工作任务为期限的劳动合同：

（一）劳动者与用人单位协商一致的；

（二）劳动者提前30日以书面形式通知用人单位的；

（三）劳动者在试用期内提前3日通知用人单位的；

（四）用人单位未按照劳动合同约定提供劳动保护或者劳动条件的；

（五）用人单位未及时足额支付劳动报酬的；

（六）用人单位未依法为劳动者缴纳社会保险费的；

（七）用人单位的规章制度违反法律、法规的规定，损害劳动者权益的；

（八）用人单位以欺诈、胁迫的手段或者乘人之危，使劳动者在违背真实意思的情况下订立或者变更劳动合同的；

（九）用人单位在劳动合同中免除自己的法定责任、排除劳动者权利的；

（十）用人单位违反法律、行政法规强制性规定的；

（十一）用人单位以暴力、威胁或者非法限制人身自由的手段强迫劳动者劳动的；

（十二）用人单位违章指挥、强令冒险作业危及劳动者人身安全的；

（十三）法律、行政法规规定劳动者可以解除劳动合同的其他情形。

**第十九条** 有下列情形之一的，依照劳动合同法规定的条件、程序，用人单位可以与劳动者解除固定期限劳动合同、无固定期限劳动合同或者以完成一定工作任务为期限的劳动合同：

（一）用人单位与劳动者协商一致的；

（二）劳动者在试用期间被证明不符合录用条件的；

（三）劳动者严重违反用人单位的规章制度的；

（四）劳动者严重失职，营私舞弊，给用人单位造成重大损害的；

（五）劳动者同时与其他用人单位建立劳动关系，对完成本单位的工作任务造成严重影响，或者经用人单位提出，拒不改正的；

（六）劳动者以欺诈、胁迫的手段或者乘人之危，使用人单位在违背真实意思的情况下订立或者变更劳动合同的；

（七）劳动者被依法追究刑事责任的；

（八）劳动者患病或者非因工负伤，在规定的医疗期满后不能从事原工作，也不能从事由用人单位另行安排的工作的；

（九）劳动者不能胜任工作，经过培训或者调整工作岗位，仍不能胜任工作的；

（十）劳动合同订立时所依据的客观情况发生重大变化，致使劳动合同无法履行，经用人单位与劳动者协商，未能就变更劳动合同内容达成协议的；

（十一）用人单位依照企业破产法规定进行重整的；

（十二）用人单位生产经营发生严重困难的；

（十三）企业转产、重大技术革新或者经营方式调整，经变更劳动合同后，仍需裁减人员的；

（十四）其他因劳动合同订立时所依据的客观经济情况发生重大变化，致使劳动合同无法履行的。

**第二十条** 用人单位依照劳动合同法第四十条的规定，选择额外支付劳动者一个月工资解除劳动合同的，其额外支付的工资应当按照该劳动者上一个月的工资标准确定。

**第二十一条** 劳动者达到法定退休年龄的，劳动合同终止。

**第二十二条** 以完成一定工作任务为期限的劳动合同因任务完成而终止的，用人单位应当依照劳动合同法第四十七条的规定向劳动者支付经济补偿。

**第二十三条** 用人单位依法终止工伤职工的劳动合同的，除依照劳动合同法第四十七条的规定支付经济补偿外，还应当依照国家有关工伤保险的规定支付一次性工伤医疗补助金和伤残就业补助金。

**第二十四条** 用人单位出具的解除、终止劳动合同的证明，应当写明劳动合同期限、解除或者终止劳动合同的日期、工作岗位、在本单位的工作年限。

**第二十五条** 用人单位违反劳动合同法的规定解除或者终止劳动合同，依照劳动合同法第八十七条的规定支付了赔偿金的，不再支付经济补偿。赔偿金的计算年限自用工之日起计算。

**第二十六条** 用人单位与劳动者约定了服务期，劳动者依照劳动合同法第三十八条的规定解除劳动合同的，不属于违反服务期的约定，用人单位不得要求劳动者支付违约金。

有下列情形之一，用人单位与劳动者解除约定服务期的劳动合同的，劳动者应当按照劳动合同的约定向用人单位支付违约金：

（一）劳动者严重违反用人单位的规章制度的；

（二）劳动者严重失职，营私舞弊，给用人单位造成重大损害的；

（三）劳动者同时与其他用人单位建立劳动关系，对完成本单位的工作任务造成严重影响，或者经用人单位提出，拒不改正的；

（四）劳动者以欺诈、胁迫的手段或者乘人之危，使用人单位在违背真实意思的情况下订立或者变更劳动合同的；

（五）劳动者被依法追究刑事责任的。

**第二十七条**　劳动合同法第四十七条规定的经济补偿的月工资按照劳动者应得工资计算，包括计时工资或者计件工资以及奖金、津贴和补贴等货币性收入。劳动者在劳动合同解除或者终止前12个月的平均工资低于当地最低工资标准的，按照当地最低工资标准计算。劳动者工作不满12个月的，按照实际工作的月数计算平均工资。

## 第四章　劳务派遣特别规定

**第二十八条**　用人单位或者其所属单位出资或者合伙设立的劳务派遣单位，向本单位或者所属单位派遣劳动者的，属于劳动合同法第六十七条规定的不得设立的劳务派遣单位。

**第二十九条**　用工单位应当履行劳动合同法第六十二条规定的义务，维护被派遣劳动者的合法权益。

**第三十条**　劳务派遣单位不得以非全日制用工形式招用被派遣劳动者。

**第三十一条**　劳务派遣单位或者被派遣劳动者依法解除、终止劳动合同的经济补偿，依照劳动合同法第四十六条、第四十七条的规定执行。

**第三十二条**　劳务派遣单位违法解除或者终止被派遣劳动者的劳

动合同的，依照劳动合同法第四十八条的规定执行。

## 第五章　法律责任

**第三十三条**　用人单位违反劳动合同法有关建立职工名册规定的，由劳动行政部门责令限期改正；逾期不改正的，由劳动行政部门处2000元以上2万元以下的罚款。

**第三十四条**　用人单位依照劳动合同法的规定应当向劳动者每月支付两倍的工资或者应当向劳动者支付赔偿金而未支付的，劳动行政部门应当责令用人单位支付。

**第三十五条**　用工单位违反劳动合同法和本条例有关劳务派遣规定的，由劳动行政部门和其他有关主管部门责令改正；情节严重的，以每位被派遣劳动者1000元以上5000元以下的标准处以罚款；给被派遣劳动者造成损害的，劳务派遣单位和用工单位承担连带赔偿责任。

## 第六章　附　　则

**第三十六条**　对违反劳动合同法和本条例的行为的投诉、举报，县级以上地方人民政府劳动行政部门依照《劳动保障监察条例》的规定处理。

**第三十七条**　劳动者与用人单位因订立、履行、变更、解除或者终止劳动合同发生争议的，依照《中华人民共和国劳动争议调解仲裁法》的规定处理。

**第三十八条**　本条例自公布之日起施行。

# 工伤保险条例

（2003年4月27日中华人民共和国国务院令第375号公布　根据2010年12月20日《国务院关于修改〈工伤保险条例〉的决定》修订）

## 第一章　总　　则

**第一条**　为了保障因工作遭受事故伤害或者患职业病的职工获得医疗救治和经济补偿，促进工伤预防和职业康复，分散用人单位的工伤风险，制定本条例。

**第二条**　中华人民共和国境内的企业、事业单位、社会团体、民办非企业单位、基金会、律师事务所、会计师事务所等组织和有雇工的个体工商户（以下称用人单位）应当依照本条例规定参加工伤保险，为本单位全部职工或者雇工（以下称职工）缴纳工伤保险费。

中华人民共和国境内的企业、事业单位、社会团体、民办非企业单位、基金会、律师事务所、会计师事务所等组织的职工和个体工商户的雇工，均有依照本条例的规定享受工伤保险待遇的权利。

**第三条**　工伤保险费的征缴按照《社会保险费征缴暂行条例》关于基本养老保险费、基本医疗保险费、失业保险费的征缴规定执行。

**第四条**　用人单位应当将参加工伤保险的有关情况在本单位内公示。

用人单位和职工应当遵守有关安全生产和职业病防治的法律法规，执行安全卫生规程和标准，预防工伤事故发生，避免和减少职业病危害。

职工发生工伤时，用人单位应当采取措施使工伤职工得到及时救治。

**第五条** 国务院社会保险行政部门负责全国的工伤保险工作。

县级以上地方各级人民政府社会保险行政部门负责本行政区域内的工伤保险工作。

社会保险行政部门按照国务院有关规定设立的社会保险经办机构（以下称经办机构）具体承办工伤保险事务。

**第六条** 社会保险行政部门等部门制定工伤保险的政策、标准，应当征求工会组织、用人单位代表的意见。

## 第二章 工伤保险基金

**第七条** 工伤保险基金由用人单位缴纳的工伤保险费、工伤保险基金的利息和依法纳入工伤保险基金的其他资金构成。

**第八条** 工伤保险费根据以支定收、收支平衡的原则，确定费率。

国家根据不同行业的工伤风险程度确定行业的差别费率，并根据工伤保险费使用、工伤发生率等情况在每个行业内确定若干费率档次。行业差别费率及行业内费率档次由国务院社会保险行政部门制定，报国务院批准后公布施行。

统筹地区经办机构根据用人单位工伤保险费使用、工伤发生率等情况，适用所属行业内相应的费率档次确定单位缴费费率。

**第九条** 国务院社会保险行政部门应当定期了解全国各统筹地区工伤保险基金收支情况，及时提出调整行业差别费率及行业内费率档次的方案，报国务院批准后公布施行。

**第十条** 用人单位应当按时缴纳工伤保险费。职工个人不缴纳工伤保险费。

用人单位缴纳工伤保险费的数额为本单位职工工资总额乘以单位缴费费率之积。

对难以按照工资总额缴纳工伤保险费的行业，其缴纳工伤保险费的具体方式，由国务院社会保险行政部门规定。

**第十一条** 工伤保险基金逐步实行省级统筹。

跨地区、生产流动性较大的行业，可以采取相对集中的方式异地参加统筹地区的工伤保险。具体办法由国务院社会保险行政部门会同有关行业的主管部门制定。

**第十二条** 工伤保险基金存入社会保障基金财政专户，用于本条例规定的工伤保险待遇，劳动能力鉴定，工伤预防的宣传、培训等费用，以及法律、法规规定的用于工伤保险的其他费用的支付。

工伤预防费用的提取比例、使用和管理的具体办法，由国务院社会保险行政部门会同国务院财政、卫生行政、安全生产监督管理等部门规定。

任何单位或者个人不得将工伤保险基金用于投资运营、兴建或者改建办公场所、发放奖金，或者挪作其他用途。

**第十三条** 工伤保险基金应当留有一定比例的储备金，用于统筹地区重大事故的工伤保险待遇支付；储备金不足支付的，由统筹地区的人民政府垫付。储备金占基金总额的具体比例和储备金的使用办法，由省、自治区、直辖市人民政府规定。

## 第三章 工伤认定

**第十四条** 职工有下列情形之一的，应当认定为工伤：

（一）在工作时间和工作场所内，因工作原因受到事故伤害的；

（二）工作时间前后在工作场所内，从事与工作有关的预备性或者收尾性工作受到事故伤害的；

（三）在工作时间和工作场所内，因履行工作职责受到暴力等意外伤害的；

（四）患职业病的；

（五）因工外出期间，由于工作原因受到伤害或者发生事故下落不明的；

（六）在上下班途中，受到非本人主要责任的交通事故或者城市轨道交通、客运轮渡、火车事故伤害的；

（七）法律、行政法规规定应当认定为工伤的其他情形。

**第十五条** 职工有下列情形之一的，视同工伤：

（一）在工作时间和工作岗位，突发疾病死亡或者在 48 小时之内经抢救无效死亡的；

（二）在抢险救灾等维护国家利益、公共利益活动中受到伤害的；

（三）职工原在军队服役，因战、因公负伤致残，已取得革命伤残军人证，到用人单位后旧伤复发的。

职工有前款第（一）项、第（二）项情形的，按照本条例的有关规定享受工伤保险待遇；职工有前款第（三）项情形的，按照本条例的有关规定享受除一次性伤残补助金以外的工伤保险待遇。

**第十六条** 职工符合本条例第十四条、第十五条的规定，但是有下列情形之一的，不得认定为工伤或者视同工伤：

（一）故意犯罪的；

（二）醉酒或者吸毒的；

（三）自残或者自杀的。

**第十七条** 职工发生事故伤害或者按照职业病防治法规定被诊断、鉴定为职业病，所在单位应当自事故伤害发生之日或者被诊断、鉴定为职业病之日起 30 日内，向统筹地区社会保险行政部门提出工伤认定申请。遇有特殊情况，经报社会保险行政部门同意，申请时限可以适当延长。

用人单位未按前款规定提出工伤认定申请的，工伤职工或者其近亲属、工会组织在事故伤害发生之日或者被诊断、鉴定为职业病之日起 1 年内，可以直接向用人单位所在地统筹地区社会保险行政部门提出工伤认定申请。

按照本条第一款规定应当由省级社会保险行政部门进行工伤认定的事项，根据属地原则由用人单位所在地的设区的市级社会保险行政部门办理。

用人单位未在本条第一款规定的时限内提交工伤认定申请，在此期间发生符合本条例规定的工伤待遇等有关费用由该用人单位负担。

**第十八条** 提出工伤认定申请应当提交下列材料：

（一）工伤认定申请表；

（二）与用人单位存在劳动关系（包括事实劳动关系）的证明材料；

（三）医疗诊断证明或者职业病诊断证明书（或者职业病诊断鉴定书）。

工伤认定申请表应当包括事故发生的时间、地点、原因以及职工伤害程度等基本情况。

工伤认定申请人提供材料不完整的，社会保险行政部门应当一次性书面告知工伤认定申请人需要补正的全部材料。申请人按照书面告知要求补正材料后，社会保险行政部门应当受理。

**第十九条** 社会保险行政部门受理工伤认定申请后，根据审核需要可以对事故伤害进行调查核实，用人单位、职工、工会组织、医疗机构以及有关部门应当予以协助。职业病诊断和诊断争议的鉴定，依照职业病防治法的有关规定执行。对依法取得职业病诊断证明书或者职业病诊断鉴定书的，社会保险行政部门不再进行调查核实。

职工或者其近亲属认为是工伤，用人单位不认为是工伤的，由用人单位承担举证责任。

**第二十条** 社会保险行政部门应当自受理工伤认定申请之日起60日内作出工伤认定的决定，并书面通知申请工伤认定的职工或者其近亲属和该职工所在单位。

社会保险行政部门对受理的事实清楚、权利义务明确的工伤认定申请，应当在15日内作出工伤认定的决定。

作出工伤认定决定需要以司法机关或者有关行政主管部门的结论为依据的，在司法机关或者有关行政主管部门尚未作出结论期间，作出工伤认定决定的时限中止。

社会保险行政部门工作人员与工伤认定申请人有利害关系的，应当回避。

## 第四章 劳动能力鉴定

**第二十一条** 职工发生工伤，经治疗伤情相对稳定后存在残疾、影响劳动能力的，应当进行劳动能力鉴定。

**第二十二条** 劳动能力鉴定是指劳动功能障碍程度和生活自理障碍程度的等级鉴定。

劳动功能障碍分为十个伤残等级，最重的为一级，最轻的为十级。

生活自理障碍分为三个等级：生活完全不能自理、生活大部分不能自理和生活部分不能自理。

劳动能力鉴定标准由国务院社会保险行政部门会同国务院卫生行

政部门等部门制定。

**第二十三条** 劳动能力鉴定由用人单位、工伤职工或者其近亲属向设区的市级劳动能力鉴定委员会提出申请，并提供工伤认定决定和职工工伤医疗的有关资料。

**第二十四条** 省、自治区、直辖市劳动能力鉴定委员会和设区的市级劳动能力鉴定委员会分别由省、自治区、直辖市和设区的市级社会保险行政部门、卫生行政部门、工会组织、经办机构代表以及用人单位代表组成。

劳动能力鉴定委员会建立医疗卫生专家库。列入专家库的医疗卫生专业技术人员应当具备下列条件：

（一）具有医疗卫生高级专业技术职务任职资格；

（二）掌握劳动能力鉴定的相关知识；

（三）具有良好的职业品德。

**第二十五条** 设区的市级劳动能力鉴定委员会收到劳动能力鉴定申请后，应当从其建立的医疗卫生专家库中随机抽取 3 名或者 5 名相关专家组成专家组，由专家组提出鉴定意见。设区的市级劳动能力鉴定委员会根据专家组的鉴定意见作出工伤职工劳动能力鉴定结论；必要时，可以委托具备资格的医疗机构协助进行有关的诊断。

设区的市级劳动能力鉴定委员会应当自收到劳动能力鉴定申请之日起 60 日内作出劳动能力鉴定结论，必要时，作出劳动能力鉴定结论的期限可以延长 30 日。劳动能力鉴定结论应当及时送达申请鉴定的单位和个人。

**第二十六条** 申请鉴定的单位或者个人对设区的市级劳动能力鉴定委员会作出的鉴定结论不服的，可以在收到该鉴定结论之日起 15 日内向省、自治区、直辖市劳动能力鉴定委员会提出再次鉴定申请。省、自治区、直辖市劳动能力鉴定委员会作出的劳动能力鉴定结论为最终结论。

**第二十七条** 劳动能力鉴定工作应当客观、公正。劳动能力鉴定委员会组成人员或者参加鉴定的专家与当事人有利害关系的，应当回避。

**第二十八条** 自劳动能力鉴定结论作出之日起1年后，工伤职工或者其近亲属、所在单位或者经办机构认为伤残情况发生变化的，可以申请劳动能力复查鉴定。

**第二十九条** 劳动能力鉴定委员会依照本条例第二十六条和第二十八条的规定进行再次鉴定和复查鉴定的期限，依照本条例第二十五条第二款的规定执行。

## 第五章 工伤保险待遇

**第三十条** 职工因工作遭受事故伤害或者患职业病进行治疗，享受工伤医疗待遇。

职工治疗工伤应当在签订服务协议的医疗机构就医，情况紧急时可以先到就近的医疗机构急救。

治疗工伤所需费用符合工伤保险诊疗项目目录、工伤保险药品目录、工伤保险住院服务标准的，从工伤保险基金支付。工伤保险诊疗项目目录、工伤保险药品目录、工伤保险住院服务标准，由国务院社会保险行政部门会同国务院卫生行政部门、食品药品监督管理部门等部门规定。

职工住院治疗工伤的伙食补助费，以及经医疗机构出具证明，报经办机构同意，工伤职工到统筹地区以外就医所需的交通、食宿费用从工伤保险基金支付，基金支付的具体标准由统筹地区人民政府规定。

工伤职工治疗非工伤引发的疾病，不享受工伤医疗待遇，按照基本医疗保险办法处理。

工伤职工到签订服务协议的医疗机构进行工伤康复的费用，符合规定的，从工伤保险基金支付。

**第三十一条** 社会保险行政部门作出认定为工伤的决定后发生行政复议、行政诉讼的，行政复议和行政诉讼期间不停止支付工伤职工治疗工伤的医疗费用。

**第三十二条** 工伤职工因日常生活或者就业需要，经劳动能力鉴定委员会确认，可以安装假肢、矫形器、假眼、假牙和配置轮椅等辅助器具，所需费用按照国家规定的标准从工伤保险基金支付。

**第三十三条** 职工因工作遭受事故伤害或者患职业病需要暂停工作接受工伤医疗的，在停工留薪期内，原工资福利待遇不变，由所在单位按月支付。

停工留薪期一般不超过 12 个月。伤情严重或者情况特殊，经设区的市级劳动能力鉴定委员会确认，可以适当延长，但延长不得超过 12 个月。工伤职工评定伤残等级后，停发原待遇，按照本章的有关规定享受伤残待遇。工伤职工在停工留薪期满后仍需治疗的，继续享受工伤医疗待遇。

生活不能自理的工伤职工在停工留薪期需要护理的，由所在单位负责。

**第三十四条** 工伤职工已经评定伤残等级并经劳动能力鉴定委员会确认需要生活护理的，从工伤保险基金按月支付生活护理费。

生活护理费按照生活完全不能自理、生活大部分不能自理或者生活部分不能自理 3 个不同等级支付，其标准分别为统筹地区上年度职工月平均工资的 50%、40%或者 30%。

**第三十五条** 职工因工致残被鉴定为一级至四级伤残的，保留劳动关系，退出工作岗位，享受以下待遇：

（一）从工伤保险基金按伤残等级支付一次性伤残补助金，标准为：一级伤残为 27 个月的本人工资，二级伤残为 25 个月的本人工资，三级伤残为 23 个月的本人工资，四级伤残为 21 个月的本人工资；

（二）从工伤保险基金按月支付伤残津贴，标准为：一级伤残为本人工资的 90%，二级伤残为本人工资的 85%，三级伤残为本人工资的 80%，四级伤残为本人工资的 75%。伤残津贴实际金额低于当地最低工资标准的，由工伤保险基金补足差额；

（三）工伤职工达到退休年龄并办理退休手续后，停发伤残津贴，按照国家有关规定享受基本养老保险待遇。基本养老保险待遇低于伤残津贴的，由工伤保险基金补足差额。

职工因工致残被鉴定为一级至四级伤残的，由用人单位和职工个人以伤残津贴为基数，缴纳基本医疗保险费。

**第三十六条** 职工因工致残被鉴定为五级、六级伤残的，享受以下待遇：

（一）从工伤保险基金按伤残等级支付一次性伤残补助金，标准为：五级伤残为 18 个月的本人工资，六级伤残为 16 个月的本人工资；

（二）保留与用人单位的劳动关系，由用人单位安排适当工作。难以安排工作的，由用人单位按月发给伤残津贴，标准为：五级伤残为本人工资的 70%，六级伤残为本人工资的 60%，并由用人单位按照规定为其缴纳应缴纳的各项社会保险费。伤残津贴实际金额低于当地最低工资标准的，由用人单位补足差额。

经工伤职工本人提出，该职工可以与用人单位解除或者终止劳动关系，由工伤保险基金支付一次性工伤医疗补助金，由用人单位支付一次性伤残就业补助金。一次性工伤医疗补助金和一次性伤残就业补助金的具体标准由省、自治区、直辖市人民政府规定。

**第三十七条** 职工因工致残被鉴定为七级至十级伤残的，享受以下待遇：

（一）从工伤保险基金按伤残等级支付一次性伤残补助金，标准为：七级伤残为13个月的本人工资，八级伤残为11个月的本人工资，九级伤残为9个月的本人工资，十级伤残为7个月的本人工资；

（二）劳动、聘用合同期满终止，或者职工本人提出解除劳动、聘用合同的，由工伤保险基金支付一次性工伤医疗补助金，由用人单位支付一次性伤残就业补助金。一次性工伤医疗补助金和一次性伤残就业补助金的具体标准由省、自治区、直辖市人民政府规定。

**第三十八条** 工伤职工工伤复发，确认需要治疗的，享受本条例第三十条、第三十二条和第三十三条规定的工伤待遇。

**第三十九条** 职工因工死亡，其近亲属按照下列规定从工伤保险基金领取丧葬补助金、供养亲属抚恤金和一次性工亡补助金：

（一）丧葬补助金为6个月的统筹地区上年度职工月平均工资；

（二）供养亲属抚恤金按照职工本人工资的一定比例发给由因工死亡职工生前提供主要生活来源、无劳动能力的亲属。标准为：配偶每月40%，其他亲属每人每月30%，孤寡老人或者孤儿每人每月在上述标准的基础上增加10%。核定的各供养亲属的抚恤金之和不应高于因工死亡职工生前的工资。供养亲属的具体范围由国务院社会保险行政部门规定；

（三）一次性工亡补助金标准为上一年度全国城镇居民人均可支配收入的20倍。

伤残职工在停工留薪期内因工伤导致死亡的，其近亲属享受本条第一款规定的待遇。

一级至四级伤残职工在停工留薪期满后死亡的，其近亲属可以享受本条第一款第（一）项、第（二）项规定的待遇。

**第四十条** 伤残津贴、供养亲属抚恤金、生活护理费由统筹地区社会保险行政部门根据职工平均工资和生活费用变化等情况适时调整。调整办法由省、自治区、直辖市人民政府规定。

**第四十一条** 职工因工外出期间发生事故或者在抢险救灾中下落不明的，从事故发生当月起3个月内照发工资，从第4个月起停发工资，由工伤保险基金向其供养亲属按月支付供养亲属抚恤金。生活有困难的，可以预支一次性工亡补助金的50%。职工被人民法院宣告死亡的，按照本条例第三十九条职工因工死亡的规定处理。

**第四十二条** 工伤职工有下列情形之一的，停止享受工伤保险待遇：

（一）丧失享受待遇条件的；

（二）拒不接受劳动能力鉴定的；

（三）拒绝治疗的。

**第四十三条** 用人单位分立、合并、转让的，承继单位应当承担原用人单位的工伤保险责任；原用人单位已经参加工伤保险的，承继单位应当到当地经办机构办理工伤保险变更登记。

用人单位实行承包经营的，工伤保险责任由职工劳动关系所在单位承担。

职工被借调期间受到工伤事故伤害的，由原用人单位承担工伤保险责任，但原用人单位与借调单位可以约定补偿办法。

企业破产的，在破产清算时依法拨付应当由单位支付的工伤保险待遇费用。

**第四十四条** 职工被派遣出境工作，依据前往国家或者地区的法律应当参加当地工伤保险的，参加当地工伤保险，其国内工伤保险关系中止；不能参加当地工伤保险的，其国内工伤保险关系不中止。

**第四十五条** 职工再次发生工伤，根据规定应当享受伤残津贴的，按照新认定的伤残等级享受伤残津贴待遇。

## 第六章 监督管理

**第四十六条** 经办机构具体承办工伤保险事务，履行下列职责：

（一）根据省、自治区、直辖市人民政府规定，征收工伤保险费；

（二）核查用人单位的工资总额和职工人数，办理工伤保险登记，并负责保存用人单位缴费和职工享受工伤保险待遇情况的记录；

（三）进行工伤保险的调查、统计；

（四）按照规定管理工伤保险基金的支出；

（五）按照规定核定工伤保险待遇；

（六）为工伤职工或者其近亲属免费提供咨询服务。

**第四十七条** 经办机构与医疗机构、辅助器具配置机构在平等协商的基础上签订服务协议，并公布签订服务协议的医疗机构、辅助器具配置机构的名单。具体办法由国务院社会保险行政部门分别会同国务院卫生行政部门、民政部门等部门制定。

**第四十八条** 经办机构按照协议和国家有关目录、标准对工伤职工医疗费用、康复费用、辅助器具费用的使用情况进行核查，并按时足额结算费用。

**第四十九条** 经办机构应当定期公布工伤保险基金的收支情况，及时向社会保险行政部门提出调整费率的建议。

**第五十条** 社会保险行政部门、经办机构应当定期听取工伤职工、医疗机构、辅助器具配置机构以及社会各界对改进工伤保险工作的意见。

**第五十一条** 社会保险行政部门依法对工伤保险费的征缴和工伤保险基金的支付情况进行监督检查。

财政部门和审计机关依法对工伤保险基金的收支、管理情况进行监督。

**第五十二条** 任何组织和个人对有关工伤保险的违法行为，有权举报。社会保险行政部门对举报应当及时调查，按照规定处理，并为举报人保密。

**第五十三条** 工会组织依法维护工伤职工的合法权益，对用人单位的工伤保险工作实行监督。

**第五十四条** 职工与用人单位发生工伤待遇方面的争议，按照处理劳动争议的有关规定处理。

**第五十五条** 有下列情形之一的，有关单位或者个人可以依法申请行政复议，也可以依法向人民法院提起行政诉讼：

（一）申请工伤认定的职工或者其近亲属、该职工所在单位对工伤认定申请不予受理的决定不服的；

（二）申请工伤认定的职工或者其近亲属、该职工所在单位对工伤认定结论不服的；

（三）用人单位对经办机构确定的单位缴费费率不服的；

（四）签订服务协议的医疗机构、辅助器具配置机构认为经办机构未履行有关协议或者规定的；

（五）工伤职工或者其近亲属对经办机构核定的工伤保险待遇有异议的。

## 第七章　法律责任

**第五十六条** 单位或者个人违反本条例第十二条规定挪用工伤保

险基金，构成犯罪的，依法追究刑事责任；尚不构成犯罪的，依法给予处分或者纪律处分。被挪用的基金由社会保险行政部门追回，并入工伤保险基金；没收的违法所得依法上缴国库。

**第五十七条** 社会保险行政部门工作人员有下列情形之一的，依法给予处分；情节严重，构成犯罪的，依法追究刑事责任：

（一）无正当理由不受理工伤认定申请，或者弄虚作假将不符合工伤条件的人员认定为工伤职工的；

（二）未妥善保管申请工伤认定的证据材料，致使有关证据灭失的；

（三）收受当事人财物的。

**第五十八条** 经办机构有下列行为之一的，由社会保险行政部门责令改正，对直接负责的主管人员和其他责任人员依法给予纪律处分；情节严重，构成犯罪的，依法追究刑事责任；造成当事人经济损失的，由经办机构依法承担赔偿责任：

（一）未按规定保存用人单位缴费和职工享受工伤保险待遇情况记录的；

（二）不按规定核定工伤保险待遇的；

（三）收受当事人财物的。

**第五十九条** 医疗机构、辅助器具配置机构不按服务协议提供服务的，经办机构可以解除服务协议。

经办机构不按时足额结算费用的，由社会保险行政部门责令改正；医疗机构、辅助器具配置机构可以解除服务协议。

**第六十条** 用人单位、工伤职工或者其近亲属骗取工伤保险待遇，医疗机构、辅助器具配置机构骗取工伤保险基金支出的，由社会保险行政部门责令退还，处骗取金额 2 倍以上 5 倍以下的罚款；情节严重，构成犯罪的，依法追究刑事责任。

**第六十一条** 从事劳动能力鉴定的组织或者个人有下列情形之一的，由社会保险行政部门责令改正，处 2000 元以上 1 万元以下的罚款；情节严重，构成犯罪的，依法追究刑事责任：

（一）提供虚假鉴定意见的；

（二）提供虚假诊断证明的；

（三）收受当事人财物的。

**第六十二条** 用人单位依照本条例规定应当参加工伤保险而未参加的，由社会保险行政部门责令限期参加，补缴应当缴纳的工伤保险费，并自欠缴之日起，按日加收万分之五的滞纳金；逾期仍不缴纳的，处欠缴数额 1 倍以上 3 倍以下的罚款。

依照本条例规定应当参加工伤保险而未参加工伤保险的用人单位职工发生工伤的，由该用人单位按照本条例规定的工伤保险待遇项目和标准支付费用。

用人单位参加工伤保险并补缴应当缴纳的工伤保险费、滞纳金后，由工伤保险基金和用人单位依照本条例的规定支付新发生的费用。

**第六十三条** 用人单位违反本条例第十九条的规定，拒不协助社会保险行政部门对事故进行调查核实的，由社会保险行政部门责令改正，处 2000 元以上 2 万元以下的罚款。

## 第八章 附 则

**第六十四条** 本条例所称工资总额，是指用人单位直接支付给本单位全部职工的劳动报酬总额。

本条例所称本人工资，是指工伤职工因工作遭受事故伤害或者患职业病前 12 个月平均月缴费工资。本人工资高于统筹地区职工平均工资300%的，按照统筹地区职工平均工资的300%计算；本人工资低于统筹地区职工平均工资60%的，按照统筹地区职工平均工资的60%计算。

**第六十五条** 公务员和参照公务员法管理的事业单位、社会团体的工作人员因工作遭受事故伤害或者患职业病的，由所在单位支付费用。具体办法由国务院社会保险行政部门会同国务院财政部门规定。

**第六十六条** 无营业执照或者未经依法登记、备案的单位以及被依法吊销营业执照或者撤销登记、备案的单位的职工受到事故伤害或者患职业病的，由该单位向伤残职工或者死亡职工的近亲属给予一次性赔偿，赔偿标准不得低于本条例规定的工伤保险待遇；用人单位不得使用童工，用人单位使用童工造成童工伤残、死亡的，由该单位向童工或者童工的近亲属给予一次性赔偿，赔偿标准不得低于本条例规定的工伤保险待遇。具体办法由国务院社会保险行政部门规定。

前款规定的伤残职工或者死亡职工的近亲属就赔偿数额与单位发生争议的，以及前款规定的童工或者童工的近亲属就赔偿数额与单位发生争议的，按照处理劳动争议的有关规定处理。

**第六十七条** 本条例自2004年1月1日起施行。本条例施行前已受到事故伤害或者患职业病的职工尚未完成工伤认定的，按照本条例的规定执行。

# 最高人民法院关于审理工伤保险行政案件若干问题的规定

（2014年4月21日最高人民法院审判委员会第1613次会议通过　2014年6月18日最高人民法院公告公布　自2014年9月1日起施行　法释〔2014〕9号

为正确审理工伤保险行政案件，根据《中华人民共和国社会保险法》《中华人民共和国劳动法》《中华人民共和国行政诉讼法》《工伤保险条例》及其他有关法律、行政法规规定，结合行政审判实际，制定本规定。

**第一条**　人民法院审理工伤认定行政案件，在认定是否存在《工伤保险条例》第十四条第（六）项“本人主要责任”、第十六条第（二）项“醉酒或者吸毒”和第十六条第（三）项“自残或者自杀”等情形时，应当以有权机构出具的事故责任认定书、结论性意见和人民法院生效裁判等法律文书为依据，但有相反证据足以推翻事故责任认定书和结论性意见的除外。

前述法律文书不存在或者内容不明确，社会保险行政部门就前款事实作出认定的，人民法院应当结合其提供的相关证据依法进行审查。

《工伤保险条例》第十六条第（一）项“故意犯罪”的认定，应当以刑事侦查机关、检察机关和审判机关的生效法律文书或者结论性意见为依据。

**第二条**　人民法院受理工伤认定行政案件后，发现原告或者第三人在提起行政诉讼前已经就是否存在劳动关系申请劳动仲裁或者提起民事诉讼的，应当中止行政案件的审理。

**第三条** 社会保险行政部门认定下列单位为承担工伤保险责任单位的，人民法院应予支持：

（一）职工与两个或两个以上单位建立劳动关系，工伤事故发生时，职工为之工作的单位为承担工伤保险责任的单位；

（二）劳务派遣单位派遣的职工在用工单位工作期间因工伤亡的，派遣单位为承担工伤保险责任的单位；

（三）单位指派到其他单位工作的职工因工伤亡的，指派单位为承担工伤保险责任的单位；

（四）用工单位违反法律、法规规定将承包业务转包给不具备用工主体资格的组织或者自然人，该组织或者自然人聘用的职工从事承包业务时因工伤亡的，用工单位为承担工伤保险责任的单位；

（五）个人挂靠其他单位对外经营，其聘用的人员因工伤亡的，被挂靠单位为承担工伤保险责任的单位。

前款第（四）、（五）项明确的承担工伤保险责任的单位承担赔偿责任或者社会保险经办机构从工伤保险基金支付工伤保险待遇后，有权向相关组织、单位和个人追偿。

**第四条** 社会保险行政部门认定下列情形为工伤的，人民法院应予支持：

（一）职工在工作时间和工作场所内受到伤害，用人单位或者社会保险行政部门没有证据证明是非工作原因导致的；

（二）职工参加用人单位组织或者受用人单位指派参加其他单位组织的活动受到伤害的；

（三）在工作时间内，职工来往于多个与其工作职责相关的工作场所之间的合理区域因工受到伤害的；

（四）其他与履行工作职责相关，在工作时间及合理区域内受到伤害的。

**第五条** 社会保险行政部门认定下列情形为“因工外出期间”的，人民法院应予支持：

（一）职工受用人单位指派或者因工作需要在工作场所以外从事与工作职责有关的活动期间；

（二）职工受用人单位指派外出学习或者开会期间；

（三）职工因工作需要的其他外出活动期间。

职工因工外出期间从事与工作或者受用人单位指派外出学习、开会无关的个人活动受到伤害，社会保险行政部门不认定为工伤的，人民法院应予支持。

**第六条** 对社会保险行政部门认定下列情形为“上下班途中”的，人民法院应予支持：

（一）在合理时间内往返于工作地与住所地、经常居住地、单位宿舍的合理路线的上下班途中；

（二）在合理时间内往返于工作地与配偶、父母、子女居住地的合理路线的上下班途中；

（三）从事属于日常工作生活所需要的活动，且在合理时间和合理路线的上下班途中；

（四）在合理时间内其他合理路线的上下班途中。

**第七条** 由于不属于职工或者其近亲属自身原因超过工伤认定申请期限的，被耽误的时间不计算在工伤认定申请期限内。

有下列情形之一耽误申请时间的，应当认定为不属于职工或者其近亲属自身原因：

（一）不可抗力；

（二）人身自由受到限制；

（三）属于用人单位原因；

（四）社会保险行政部门登记制度不完善；

（五）当事人对是否存在劳动关系申请仲裁、提起民事诉讼。

**第八条** 职工因第三人的原因受到伤害，社会保险行政部门以职工或者其近亲属已经对第三人提起民事诉讼或者获得民事赔偿为由，作出不予受理工伤认定申请或者不予认定工伤决定的，人民法院不予支持。

职工因第三人的原因受到伤害，社会保险行政部门已经作出工伤认定，职工或者其近亲属未对第三人提起民事诉讼或者尚未获得民事赔偿，起诉要求社会保险经办机构支付工伤保险待遇的，人民法院应予支持。

职工因第三人的原因导致工伤，社会保险经办机构以职工或者其近亲属已经对第三人提起民事诉讼为由，拒绝支付工伤保险待遇的，人民法院不予支持，但第三人已经支付的医疗费用除外。

**第九条** 因工伤认定申请人或者用人单位隐瞒有关情况或者提供虚假材料，导致工伤认定错误的，社会保险行政部门可以在诉讼中依法予以更正。

工伤认定依法更正后，原告不申请撤诉，社会保险行政部门在作出原工伤认定时有过错的，人民法院应当判决确认违法；社会保险行政部门无过错的，人民法院可以驳回原告诉讼请求。

**第十条** 最高人民法院以前颁布的司法解释与本规定不一致的，以本规定为准。

# 最高人民法院关于审理劳动争议案件适用法律问题的解释（一）

（2020年12月25日最高人民法院审判委员会第1825次会议通过　2020年12月29日最高人民法院公告公布　自2021年1月1日起施行　法释〔2020〕26号）

为正确审理劳动争议案件，根据《中华人民共和国民法典》《中华人民共和国劳动法》《中华人民共和国劳动合同法》《中华人民共和国劳动争议调解仲裁法》《中华人民共和国民事诉讼法》等相关法律规定，结合审判实践，制定本解释。

**第一条**　劳动者与用人单位之间发生的下列纠纷，属于劳动争议，当事人不服劳动争议仲裁机构作出的裁决，依法提起诉讼的，人民法院应予受理：

（一）劳动者与用人单位在履行劳动合同过程中发生的纠纷；

（二）劳动者与用人单位之间没有订立书面劳动合同，但已形成劳动关系后发生的纠纷；

（三）劳动者与用人单位因劳动关系是否已经解除或者终止，以及应否支付解除或者终止劳动关系经济补偿金发生的纠纷；

（四）劳动者与用人单位解除或者终止劳动关系后，请求用人单位返还其收取的劳动合同定金、保证金、抵押金、抵押物发生的纠纷，或者办理劳动者的人事档案、社会保险关系等移转手续发生的纠纷；

（五）劳动者以用人单位未为其办理社会保险手续，且社会保险经办机构不能补办导致其无法享受社会保险待遇为由，要求用人单位赔偿损失发生的纠纷；

（六）劳动者退休后，与尚未参加社会保险统筹的原用人单位因追索养老金、医疗费、工伤保险待遇和其他社会保险待遇而发生的纠纷；

（七）劳动者因为工伤、职业病，请求用人单位依法给予工伤保险待遇发生的纠纷；

（八）劳动者依据劳动合同法第八十五条规定，要求用人单位支付加付赔偿金发生的纠纷；

（九）因企业自主进行改制发生的纠纷。

**第二条** 下列纠纷不属于劳动争议：

（一）劳动者请求社会保险经办机构发放社会保险金的纠纷；

（二）劳动者与用人单位因住房制度改革产生的公有住房转让纠纷；

（三）劳动者对劳动能力鉴定委员会的伤残等级鉴定结论或者对职业病诊断鉴定委员会的职业病诊断鉴定结论的异议纠纷；

（四）家庭或者个人与家政服务人员之间的纠纷；

（五）个体工匠与帮工、学徒之间的纠纷；

（六）农村承包经营户与受雇人之间的纠纷。

**第三条** 劳动争议案件由用人单位所在地或者劳动合同履行地的基层人民法院管辖。

劳动合同履行地不明确的，由用人单位所在地的基层人民法院管辖。

法律另有规定的，依照其规定。

**第四条** 劳动者与用人单位均不服劳动争议仲裁机构的同一裁决，向同一人民法院起诉的，人民法院应当并案审理，双方当事人互为原告和被告，对双方的诉讼请求，人民法院应当一并作出裁决。在诉讼过程中，一方当事人撤诉的，人民法院应当根据另一方当事人的诉讼请求继续审理。双方当事人就同一仲裁裁决分别向有管辖权的人民法院起诉的，后受理的人民法院应当将案件移送给先受理的人民法院。

**第五条** 劳动争议仲裁机构以无管辖权为由对劳动争议案件不予受理，当事人提起诉讼的，人民法院按照以下情形分别处理：

（一）经审查认为该劳动争议仲裁机构对案件确无管辖权的，应当告知当事人向有管辖权的劳动争议仲裁机构申请仲裁；

（二）经审查认为该劳动争议仲裁机构有管辖权的，应当告知当事人申请仲裁，并将审查意见书面通知该劳动争议仲裁机构；劳动争议仲裁机构仍不受理，当事人就该劳动争议事项提起诉讼的，人民法院应予受理。

**第六条** 劳动争议仲裁机构以当事人申请仲裁的事项不属于劳动争议为由，作出不予受理的书面裁决、决定或者通知，当事人不服依法提起诉讼的，人民法院应当分别情况予以处理：

（一）属于劳动争议案件的，应当受理；

（二）虽不属于劳动争议案件，但属于人民法院主管的其他案件，应当依法受理。

**第七条** 劳动争议仲裁机构以申请仲裁的主体不适格为由，作出不予受理的书面裁决、决定或者通知，当事人不服依法提起诉讼，经审查确属主体不适格的，人民法院不予受理；已经受理的，裁定驳回起诉。

**第八条** 劳动争议仲裁机构为纠正原仲裁裁决错误重新作出裁决，当事人不服依法提起诉讼的，人民法院应当受理。

**第九条** 劳动争议仲裁机构仲裁的事项不属于人民法院受理的案件范围，当事人不服依法提起诉讼的，人民法院不予受理；已经受理的，裁定驳回起诉。

**第十条**　当事人不服劳动争议仲裁机构作出的预先支付劳动者劳动报酬、工伤医疗费、经济补偿或者赔偿金的裁决，依法提起诉讼的，人民法院不予受理。

用人单位不履行上述裁决中的给付义务，劳动者依法申请强制执行的，人民法院应予受理。

**第十一条**　劳动争议仲裁机构作出的调解书已经发生法律效力，一方当事人反悔提起诉讼的，人民法院不予受理；已经受理的，裁定驳回起诉。

**第十二条**　劳动争议仲裁机构逾期未作出受理决定或仲裁裁决，当事人直接提起诉讼的，人民法院应予受理，但申请仲裁的案件存在下列事由的除外：

（一）移送管辖的；

（二）正在送达或者送达延误的；

（三）等待另案诉讼结果、评残结论的；

（四）正在等待劳动争议仲裁机构开庭的；

（五）启动鉴定程序或者委托其他部门调查取证的；

（六）其他正当事由。

当事人以劳动争议仲裁机构逾期未作出仲裁裁决为由提起诉讼的，应当提交该仲裁机构出具的受理通知书或者其他已接受仲裁申请的凭证、证明。

**第十三条**　劳动者依据劳动合同法第三十条第二款和调解仲裁法第十六条规定向人民法院申请支付令，符合民事诉讼法第十七章督促程序规定的，人民法院应予受理。

依据劳动合同法第三十条第二款规定申请支付令被人民法院裁定终结督促程序后，劳动者就劳动争议事项直接提起诉讼的，人民法院应当告知其先向劳动争议仲裁机构申请仲裁。

依据调解仲裁法第十六条规定申请支付令被人民法院裁定终结督促程序后，劳动者依据调解协议直接提起诉讼的，人民法院应予受理。

**第十四条** 人民法院受理劳动争议案件后，当事人增加诉讼请求的，如该诉讼请求与讼争的劳动争议具有不可分性，应当合并审理；如属独立的劳动争议，应当告知当事人向劳动争议仲裁机构申请仲裁。

**第十五条** 劳动者以用人单位的工资欠条为证据直接提起诉讼，诉讼请求不涉及劳动关系其他争议的，视为拖欠劳动报酬争议，人民法院按照普通民事纠纷受理。

**第十六条** 劳动争议仲裁机构作出仲裁裁决后，当事人对裁决中的部分事项不服，依法提起诉讼的，劳动争议仲裁裁决不发生法律效力。

**第十七条** 劳动争议仲裁机构对多个劳动者的劳动争议作出仲裁裁决后，部分劳动者对仲裁裁决不服，依法提起诉讼的，仲裁裁决对提起诉讼的劳动者不发生法律效力；对未提起诉讼的部分劳动者，发生法律效力，如其申请执行的，人民法院应当受理。

**第十八条** 仲裁裁决的类型以仲裁裁决书确定为准。仲裁裁决书未载明该裁决为终局裁决或者非终局裁决，用人单位不服该仲裁裁决向基层人民法院提起诉讼的，应当按照以下情形分别处理：

（一）经审查认为该仲裁裁决为非终局裁决的，基层人民法院应予受理；

（二）经审查认为该仲裁裁决为终局裁决的，基层人民法院不予受理，但应告知用人单位可以自收到不予受理裁定书之日起三十日内向劳动争议仲裁机构所在地的中级人民法院申请撤销该仲裁裁决；已经受理的，裁定驳回起诉。

**第十九条** 仲裁裁决书未载明该裁决为终局裁决或者非终局裁决，劳动者依据调解仲裁法第四十七条第一项规定，追索劳动报酬、工伤医疗费、经济补偿或者赔偿金，如果仲裁裁决涉及数项，每项确定的数额均不超过当地月最低工资标准十二个月金额的，应当按照终局裁决处理。

**第二十条** 劳动争议仲裁机构作出的同一仲裁裁决同时包含终局裁决事项和非终局裁决事项，当事人不服该仲裁裁决向人民法院提起诉讼的，应当按照非终局裁决处理。

**第二十一条** 劳动者依据调解仲裁法第四十八条规定向基层人民法院提起诉讼，用人单位依据调解仲裁法第四十九条规定向劳动争议仲裁机构所在地的中级人民法院申请撤销仲裁裁决的，中级人民法院应当不予受理；已经受理的，应当裁定驳回申请。

被人民法院驳回起诉或者劳动者撤诉的，用人单位可以自收到裁定书之日起三十日内，向劳动争议仲裁机构所在地的中级人民法院申请撤销仲裁裁决。

**第二十二条** 用人单位依据调解仲裁法第四十九条规定向中级人民法院申请撤销仲裁裁决，中级人民法院作出的驳回申请或者撤销仲裁裁决的裁定为终审裁定。

**第二十三条** 中级人民法院审理用人单位申请撤销终局裁决的案件，应当组成合议庭开庭审理。经过阅卷、调查和询问当事人，对没有新的事实、证据或者理由，合议庭认为不需要开庭审理的，可以不开庭审理。

中级人民法院可以组织双方当事人调解。达成调解协议的，可以制作调解书。一方当事人逾期不履行调解协议的，另一方可以申请人民法院强制执行。

**第二十四条**　当事人申请人民法院执行劳动争议仲裁机构作出的发生法律效力的裁决书、调解书，被申请人提出证据证明劳动争议仲裁裁决书、调解书有下列情形之一，并经审查核实的，人民法院可以根据民事诉讼法第二百三十七条规定，裁定不予执行：

（一）裁决的事项不属于劳动争议仲裁范围，或者劳动争议仲裁机构无权仲裁的；

（二）适用法律、法规确有错误的；

（三）违反法定程序的；

（四）裁决所根据的证据是伪造的；

（五）对方当事人隐瞒了足以影响公正裁决的证据的；

（六）仲裁员在仲裁该案时有索贿受贿、徇私舞弊、枉法裁决行为的；

（七）人民法院认定执行该劳动争议仲裁裁决违背社会公共利益的。

人民法院在不予执行的裁定书中，应当告知当事人在收到裁定书之次日起三十日内，可以就该劳动争议事项向人民法院提起诉讼。

**第二十五条**　劳动争议仲裁机构作出终局裁决，劳动者向人民法院申请执行，用人单位向劳动争议仲裁机构所在地的中级人民法院申请撤销的，人民法院应当裁定中止执行。

用人单位撤回撤销终局裁决申请或者其申请被驳回的，人民法院应当裁定恢复执行。仲裁裁决被撤销的，人民法院应当裁定终结执行。

用人单位向人民法院申请撤销仲裁裁决被驳回后，又在执行程序中以相同理由提出不予执行抗辩的，人民法院不予支持。

**第二十六条**　用人单位与其它单位合并的，合并前发生的劳动争议，由合并后的单位为当事人；用人单位分立为若干单位的，其分立前发生的劳动争议，由分立后的实际用人单位为当事人。

用人单位分立为若干单位后，具体承受劳动权利义务的单位不明确的，分立后的单位均为当事人。

**第二十七条** 用人单位招用尚未解除劳动合同的劳动者，原用人单位与劳动者发生的劳动争议，可以列新的用人单位为第三人。

原用人单位以新的用人单位侵权为由提起诉讼的，可以列劳动者为第三人。

原用人单位以新的用人单位和劳动者共同侵权为由提起诉讼的，新的用人单位和劳动者列为共同被告。

**第二十八条** 劳动者在用人单位与其他平等主体之间的承包经营期间，与发包方和承包方双方或者一方发生劳动争议，依法提起诉讼的，应当将承包方和发包方作为当事人。

**第二十九条** 劳动者与未办理营业执照、营业执照被吊销或者营业期限届满仍继续经营的用人单位发生争议的，应当将用人单位或者其出资人列为当事人。

**第三十条** 未办理营业执照、营业执照被吊销或者营业期限届满仍继续经营的用人单位，以挂靠等方式借用他人营业执照经营的，应当将用人单位和营业执照出借方列为当事人。

**第三十一条** 当事人不服劳动争议仲裁机构作出的仲裁裁决，依法提起诉讼，人民法院审查认为仲裁裁决遗漏了必须共同参加仲裁的当事人的，应当依法追加遗漏的人为诉讼当事人。

被追加的当事人应当承担责任的，人民法院应当一并处理。

**第三十二条** 用人单位与其招用的已经依法享受养老保险待遇或者领取退休金的人员发生用工争议而提起诉讼的，人民法院应当按劳务关系处理。

企业停薪留职人员、未达到法定退休年龄的内退人员、下岗待岗人员以及企业经营性停产放长假人员，因与新的用人单位发生用工争议而提起诉讼的，人民法院应当按劳动关系处理。

**第三十三条** 外国人、无国籍人未依法取得就业证件即与中华人民共和国境内的用人单位签订劳动合同，当事人请求确认与用人单位存在劳动关系的，人民法院不予支持。

持有《外国专家证》并取得《外国人来华工作许可证》的外国人，与中华人民共和国境内的用人单位建立用工关系的，可以认定为劳动关系。

**第三十四条** 劳动合同期满后，劳动者仍在原用人单位工作，原用人单位未表示异议的，视为双方同意以原条件继续履行劳动合同。一方提出终止劳动关系的，人民法院应予支持。

根据劳动合同法第十四条规定，用人单位应当与劳动者签订无固定期限劳动合同而未签订的，人民法院可以视为双方之间存在无固定期限劳动合同关系，并以原劳动合同确定双方的权利义务关系。

**第三十五条** 劳动者与用人单位就解除或者终止劳动合同办理相关手续、支付工资报酬、加班费、经济补偿或者赔偿金等达成的协议，不违反法律、行政法规的强制性规定，且不存在欺诈、胁迫或者乘人之危情形的，应当认定有效。

前款协议存在重大误解或者显失公平情形，当事人请求撤销的，人民法院应予支持。

**第三十六条** 当事人在劳动合同或者保密协议中约定了竞业限制，但未约定解除或者终止劳动合同后给予劳动者经济补偿，劳动者履行了竞业限制义务，要求用人单位按照劳动者在劳动合同解除或者终止前十二个月平均工资的30%按月支付经济补偿的，人民法院应予支持。

前款规定的月平均工资的30%低于劳动合同履行地最低工资标准

的，按照劳动合同履行地最低工资标准支付。

**第三十七条** 当事人在劳动合同或者保密协议中约定了竞业限制和经济补偿，当事人解除劳动合同时，除另有约定外，用人单位要求劳动者履行竞业限制义务，或者劳动者履行了竞业限制义务后要求用人单位支付经济补偿的，人民法院应予支持。

**第三十八条** 当事人在劳动合同或者保密协议中约定了竞业限制和经济补偿，劳动合同解除或者终止后，因用人单位的原因导致三个月未支付经济补偿，劳动者请求解除竞业限制约定的，人民法院应予支持。

**第三十九条** 在竞业限制期限内，用人单位请求解除竞业限制协议的，人民法院应予支持。

在解除竞业限制协议时，劳动者请求用人单位额外支付劳动者三个月的竞业限制经济补偿的，人民法院应予支持。

**第四十条** 劳动者违反竞业限制约定，向用人单位支付违约金后，用人单位要求劳动者按照约定继续履行竞业限制义务的，人民法院应予支持。

**第四十一条** 劳动合同被确认为无效，劳动者已付出劳动的，用人单位应当按照劳动合同法第二十八条、第四十六条、第四十七条的规定向劳动者支付劳动报酬和经济补偿。

由于用人单位原因订立无效劳动合同，给劳动者造成损害的，用人单位应当赔偿劳动者因合同无效所造成的经济损失。

**第四十二条** 劳动者主张加班费的，应当就加班事实的存在承担举证责任。但劳动者有证据证明用人单位掌握加班事实存在的证据，用人单位不提供的，由用人单位承担不利后果。

**第四十三条** 用人单位与劳动者协商一致变更劳动合同，虽未采用书面形式，但已经实际履行了口头变更的劳动合同超过一个月，变更后的劳动合同内容不违反法律、行政法规且不违背公序良俗，当事人以未采用书面形式为由主张劳动合同变更无效的，人民法院不予支持。

**第四十四条**　因用人单位作出的开除、除名、辞退、解除劳动合同、减少劳动报酬、计算劳动者工作年限等决定而发生的劳动争议，用人单位负举证责任。

**第四十五条**　用人单位有下列情形之一，迫使劳动者提出解除劳动合同的，用人单位应当支付劳动者的劳动报酬和经济补偿，并可支付赔偿金：

（一）以暴力、威胁或者非法限制人身自由的手段强迫劳动的；

（二）未按照劳动合同约定支付劳动报酬或者提供劳动条件的；

（三）克扣或者无故拖欠劳动者工资的；

（四）拒不支付劳动者延长工作时间工资报酬的；

（五）低于当地最低工资标准支付劳动者工资的。

**第四十六条**　劳动者非因本人原因从原用人单位被安排到新用人单位工作，原用人单位未支付经济补偿，劳动者依据劳动合同法第三十八条规定与新用人单位解除劳动合同，或者新用人单位向劳动者提出解除、终止劳动合同，在计算支付经济补偿或赔偿金的工作年限时，劳动者请求把在原用人单位的工作年限合并计算为新用人单位工作年限的，人民法院应予支持。

用人单位符合下列情形之一的，应当认定属于“劳动者非因本人原因从原用人单位被安排到新用人单位工作”：

（一）劳动者仍在原工作场所、工作岗位工作，劳动合同主体由原用人单位变更为新用人单位；

（二）用人单位以组织委派或任命形式对劳动者进行工作调动；

（三）因用人单位合并、分立等原因导致劳动者工作调动；

（四）用人单位及其关联企业与劳动者轮流订立劳动合同；

（五）其他合理情形。

**第四十七条** 建立了工会组织的用人单位解除劳动合同符合劳动合同法第三十九条、第四十条规定，但未按照劳动合同法第四十三条规定事先通知工会，劳动者以用人单位违法解除劳动合同为由请求用人单位支付赔偿金的，人民法院应予支持，但起诉前用人单位已经补正有关程序的除外。

**第四十八条** 劳动合同法施行后，因用人单位经营期限届满不再继续经营导致劳动合同不能继续履行，劳动者请求用人单位支付经济补偿的，人民法院应予支持。

**第四十九条** 在诉讼过程中，劳动者向人民法院申请采取财产保全措施，人民法院经审查认为申请人经济确有困难，或者有证据证明用人单位存在欠薪逃匿可能的，应当减轻或者免除劳动者提供担保的义务，及时采取保全措施。

人民法院作出的财产保全裁定中，应当告知当事人在劳动争议仲裁机构的裁决书或者在人民法院的裁判文书生效后三个月内申请强制执行。逾期不申请的，人民法院应当裁定解除保全措施。

**第五十条** 用人单位根据劳动合同法第四条规定，通过民主程序制定的规章制度，不违反国家法律、行政法规及政策规定，并已向劳动者公示的，可以作为确定双方权利义务的依据。

用人单位制定的内部规章制度与集体合同或者劳动合同约定的内容不一致，劳动者请求优先适用合同约定的，人民法院应予支持。

**第五十一条** 当事人在调解仲裁法第十条规定的调解组织主持下达成的具有劳动权利义务内容的调解协议，具有劳动合同的约束力，可以作为人民法院裁判的根据。

当事人在调解仲裁法第十条规定的调解组织主持下仅就劳动报酬

争议达成调解协议，用人单位不履行调解协议确定的给付义务，劳动者直接提起诉讼的，人民法院可以按照普通民事纠纷受理。

**第五十二条** 当事人在人民调解委员会主持下仅就给付义务达成的调解协议，双方认为有必要的，可以共同向人民调解委员会所在地的基层人民法院申请司法确认。

**第五十三条** 用人单位对劳动者作出的开除、除名、辞退等处理，或者因其他原因解除劳动合同确有错误的，人民法院可以依法判决予以撤销。

对于追索劳动报酬、养老金、医疗费以及工伤保险待遇、经济补偿金、培训费及其他相关费用等案件，给付数额不当的，人民法院可以予以变更。

**第五十四条** 本解释自 2021 年 1 月 1 日起施行。

# 附录二

## 劳动争议处理流程图①

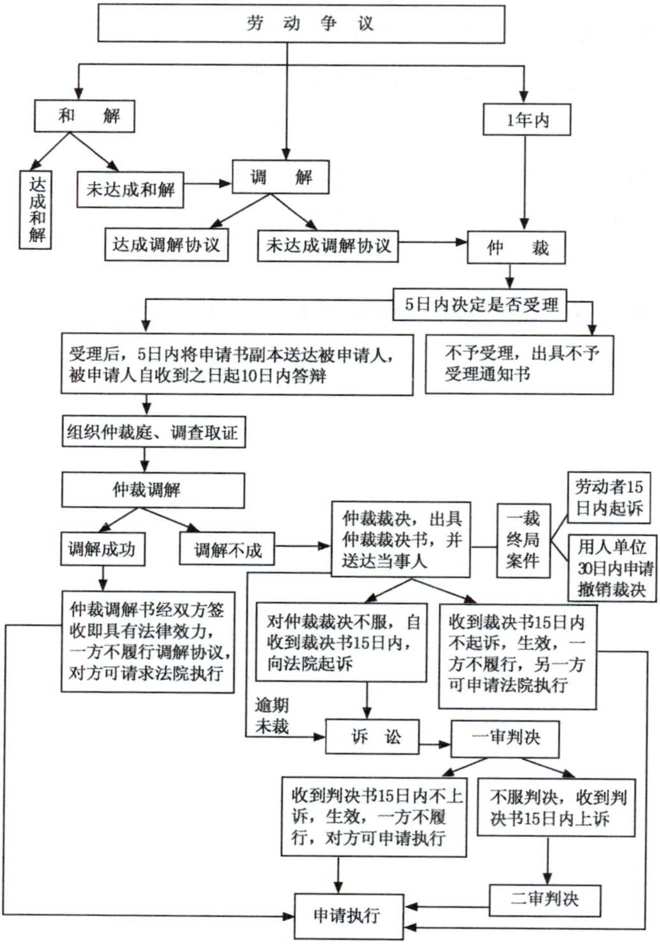


① 参见《劳动争议调解仲裁法一本通》，中国法制出版社2023年版，下同。

# 劳动诉讼流程示意图

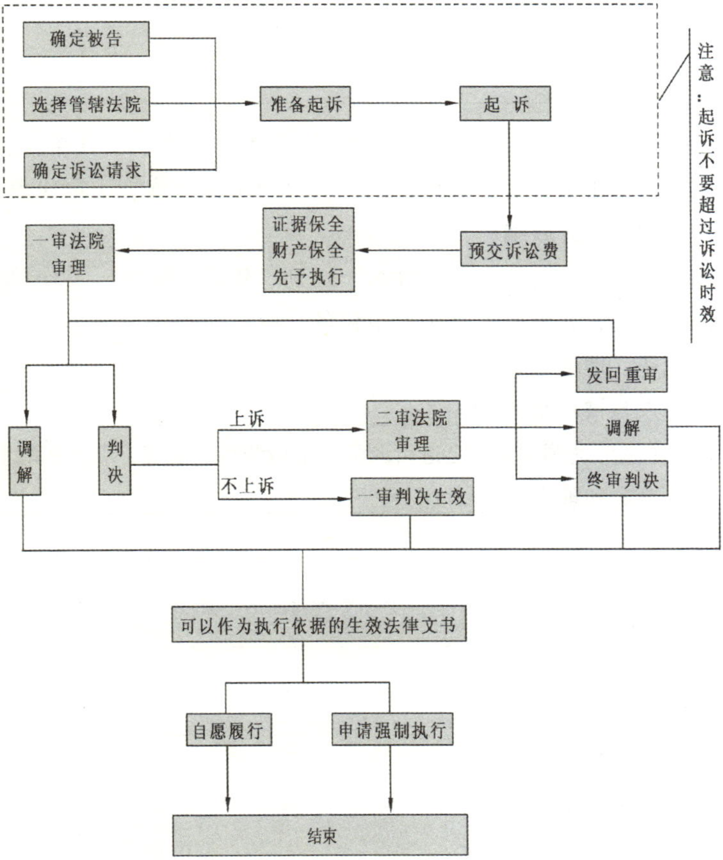

确定被告
选择管辖法院
确定诉讼请求
准备起诉
起 诉
注意：起诉不要超过诉讼时效
预交诉讼费
证据保全
财产保全
先予执行
一审法院审理
调解
判决
上诉
不上诉
二审法院审理
一审判决生效
发回重审
调解
终审判决
可以作为执行依据的生效法律文书
自愿履行
申请强制执行
结束

# 劳动合同争议调解申请书

（参考文本）

申请人：__________（姓名、性别、年龄、职务、工作单位、地址、邮政编码，如申请人是法人单位的，应写明单位全称、法定代表人姓名和职务、地址、邮政编码）

被申请人：__________（姓名、性别、年龄、职务、工作单位、地址、邮政编码，如申请人是法人单位的，应写明单位全称、法定代表人姓名和职务、地址、邮政编码）

申请人与被申请人因____________________________________纠纷，现申请人申请劳动调解委员会进行调解，申请调解的事实、理由和请求如下：

一、事实和理由______________________________________________

________________________________________________________________

________________________________________________________________

二、调解请求________________________________________________

________________________________________________________________

________________________________________________________________

此致

______调解委员会

申请人：______

____年____月____日

# 劳动合同争议仲裁申请书

（参考文本）

案由：

<table>
<tr><td colspan="2">申　　请　　人</td><td colspan="3">（被）申　　请　　人</td></tr>
<tr><td>姓　　名</td><td></td><td colspan="2">单　　位</td><td></td></tr>
<tr><td>性　　别</td><td></td><td colspan="2">主管机关</td><td></td></tr>
<tr><td>年　　龄</td><td></td><td rowspan="4">法定代表人</td><td>姓名</td><td></td></tr>
<tr><td>民　　族</td><td></td><td>性别</td><td></td></tr>
<tr><td>职　　业</td><td></td><td>年龄</td><td></td></tr>
<tr><td>工作单位</td><td></td><td>职务</td><td></td></tr>
<tr><td>住　　址</td><td></td><td colspan="2">单位地址</td><td></td></tr>
<tr><td>电　　话</td><td></td><td colspan="2">电　　话</td><td></td></tr>
</table>

请求事项：

# 劳动合同争议起诉状

（参考文本）

**【起诉状】**

原告：

被告：

诉讼请求：

事实和理由：

证据和证据来源，证人姓名和住址：

此　致

××人民法院

起诉人：

年　月　日

附：合同副本____份。

本诉状副本____份。

其他证明文件____份。

**【填写说明】**

①原告应向法院列举所有可供证明的证据。证人姓名和住所，书证、物证的来源及由谁保管，并向法院提供复印件，以便法院调查。②事实和理由中应写清合同签订的经过、具体内容、纠纷产生的原因、诉讼请求及有关法律、政策依据。③“原告”栏写明姓名、性别、出生年月日、民族、籍贯、职业或工作单位和职务、住址等项。被告是法人、组织或行政机关的，应写明其名称和所在地址。④起诉状副本份数，应按被告的人数提交。